TRAITÉ

DE TISSAGE.

ATLAS

Imprimerie de E. Guyot, rue de Pachéco, 12.

TRAITÉ

DE TISSAGE

DEUXIÈME PARTIE.

COMPOSITION DES TISSUS

ET SPÉCIALEMENT

DE LA DRAPERIE-NOUVEAUTÉ

PAR

T. BONA,

Directeur de l'École de tissage et de dessin industriel de Verviers.

ATLAS

BRUXELLES,
ÉMILE TARLIER, ÉDITEUR,
5, MONTAGNE DE L'ORATOIRE, 5.

1863

Pl. 1.

Fig. 1.
Fig. 2.
Fig. 3.
Fig. 4.
Fig. 5.
Fig. 6.
Fig. 7.
Fig. 8.
Fig. 9.
Fig. 10.
Fig. 11.
Fig. 12.
Fig. 13.
Fig. 14.

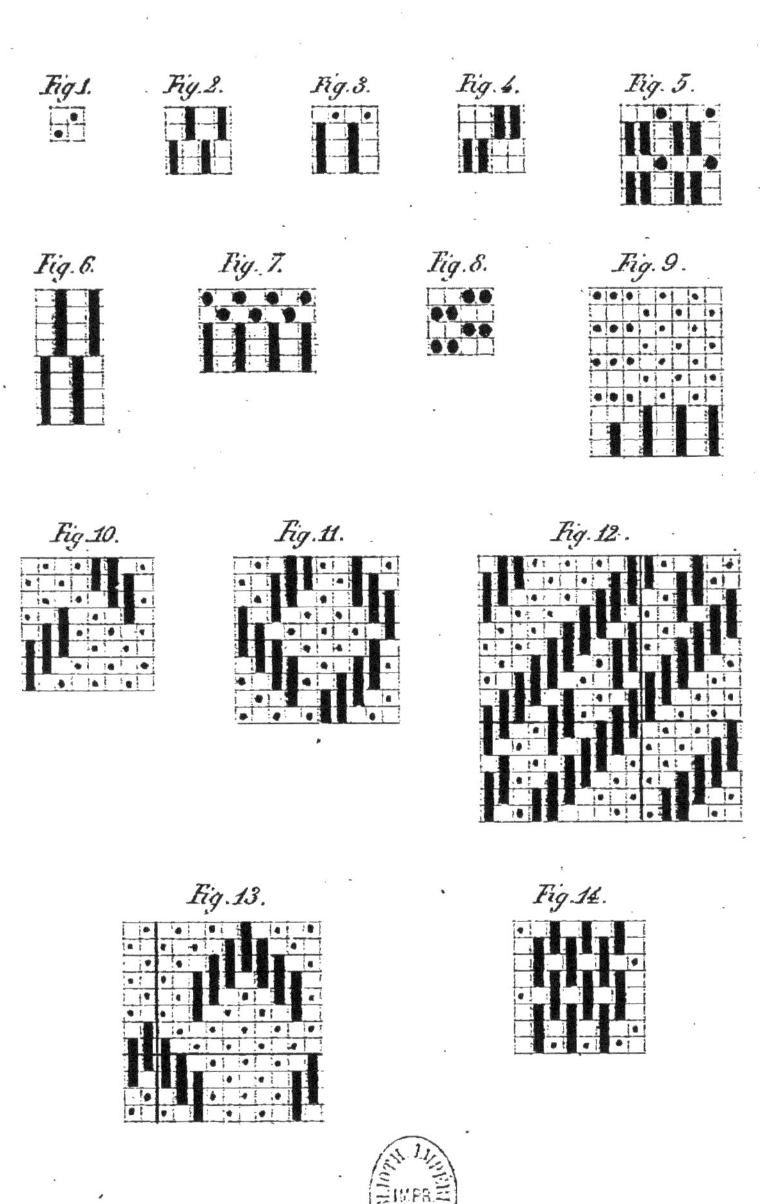

Pl. 2.

Fig. 15.
Sergé de 3.
Fig. 16.
Sergé de 4
Fig. 17.
Sergé de 4.
2-2.
Fig. 18.
Sergé de 5.
Fig. 19.
Sergé de 5.
2-3.
Fig. 20
Sergé de 5
3-2.
Fig. 21.
Sergé de 6.
Fig. 22.
Sergé de 6.
2-4.
Fig. 23.
Sergé de 6.
3-3.
Fig. 24.
Sergé de 6.
4-2.
Fig. 25.
Sergé de 8.
4-4.
Fig. 26.
Fig. 27.
Fig. 28.
Fig. 29.
Fig. 30.
Fig. 31.
Fig. 32.
Fig. 33.
Fig. 34.
Fig. 35.
Fig. 36.
Fig. 37.

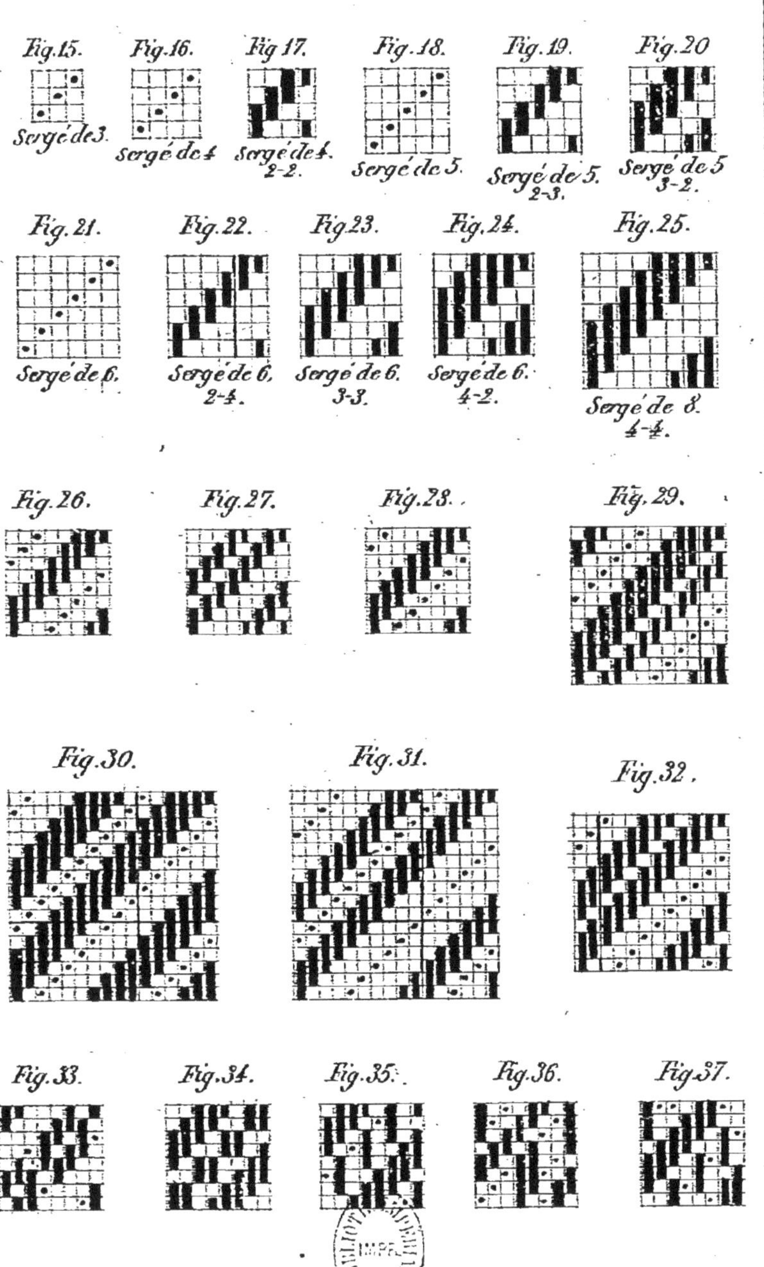

Pl. 3.

Fig. 38.
Fig. 39.
Fig. 40.
Fig. 41.
Fig. 42.
Fig. 43.
Fig. 44.
Fig. 45.
Fig. 46.
Fig. 47.
Fig. 48.
Fig. 49.
Fig. 50.
Fig. 51.

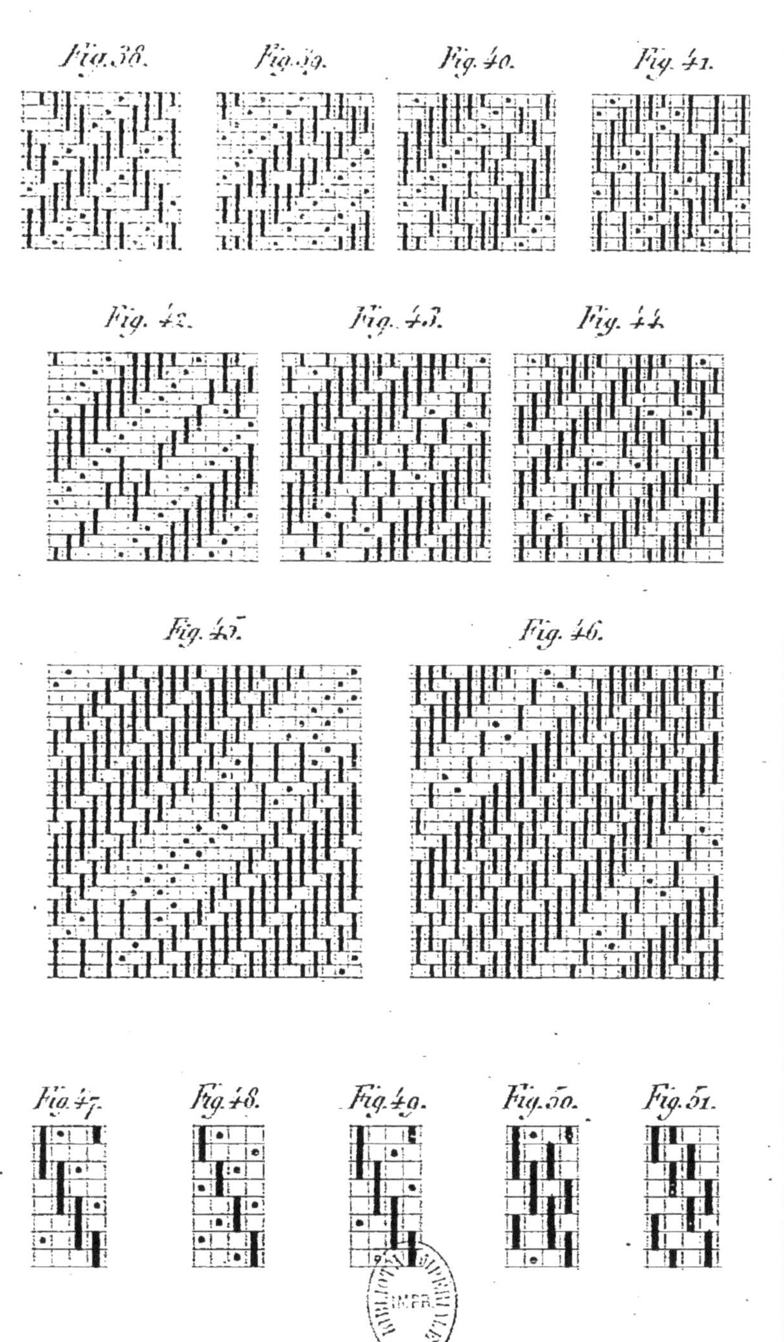

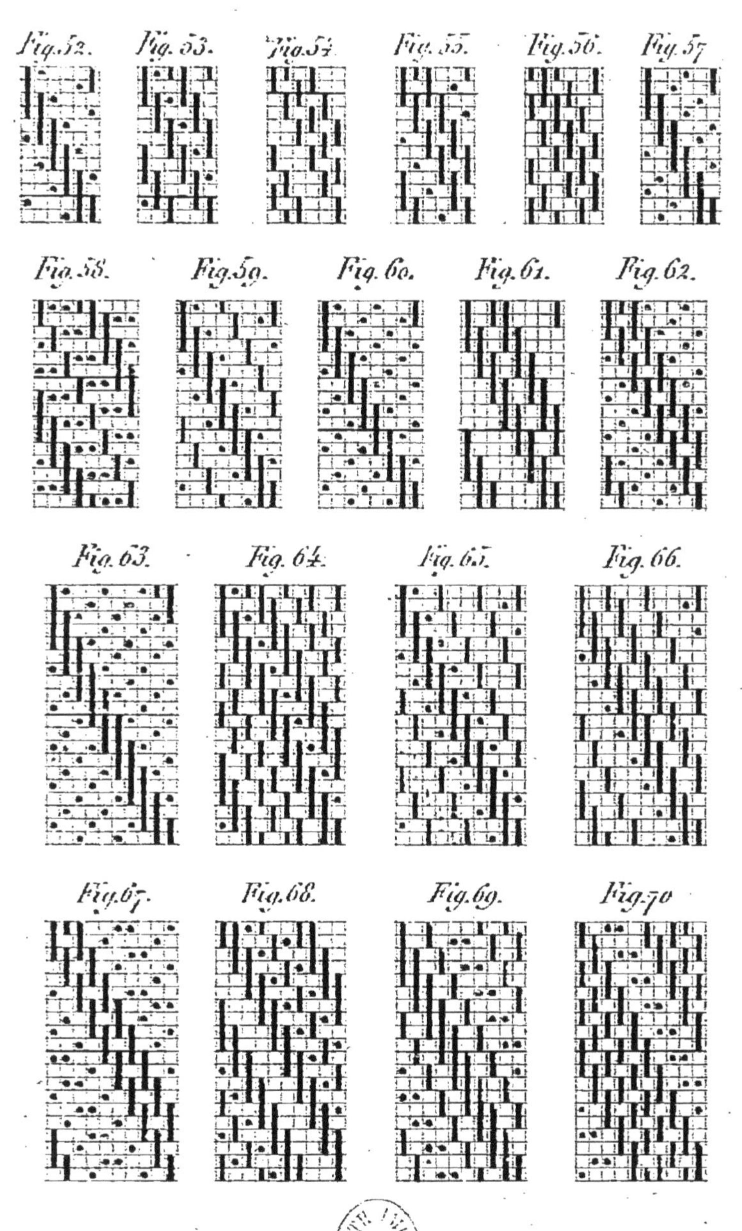
Fig. 52.
Fig. 53.
Fig. 54.
Fig. 55.
Fig. 56.
Fig. 57.
Fig. 58.
Fig. 59.
Fig. 60.
Fig. 61.
Fig. 62.
Fig. 63.
Fig. 64.
Fig. 65.
Fig. 66.
Fig. 67.
Fig. 68.
Fig. 69.
Fig. 70.

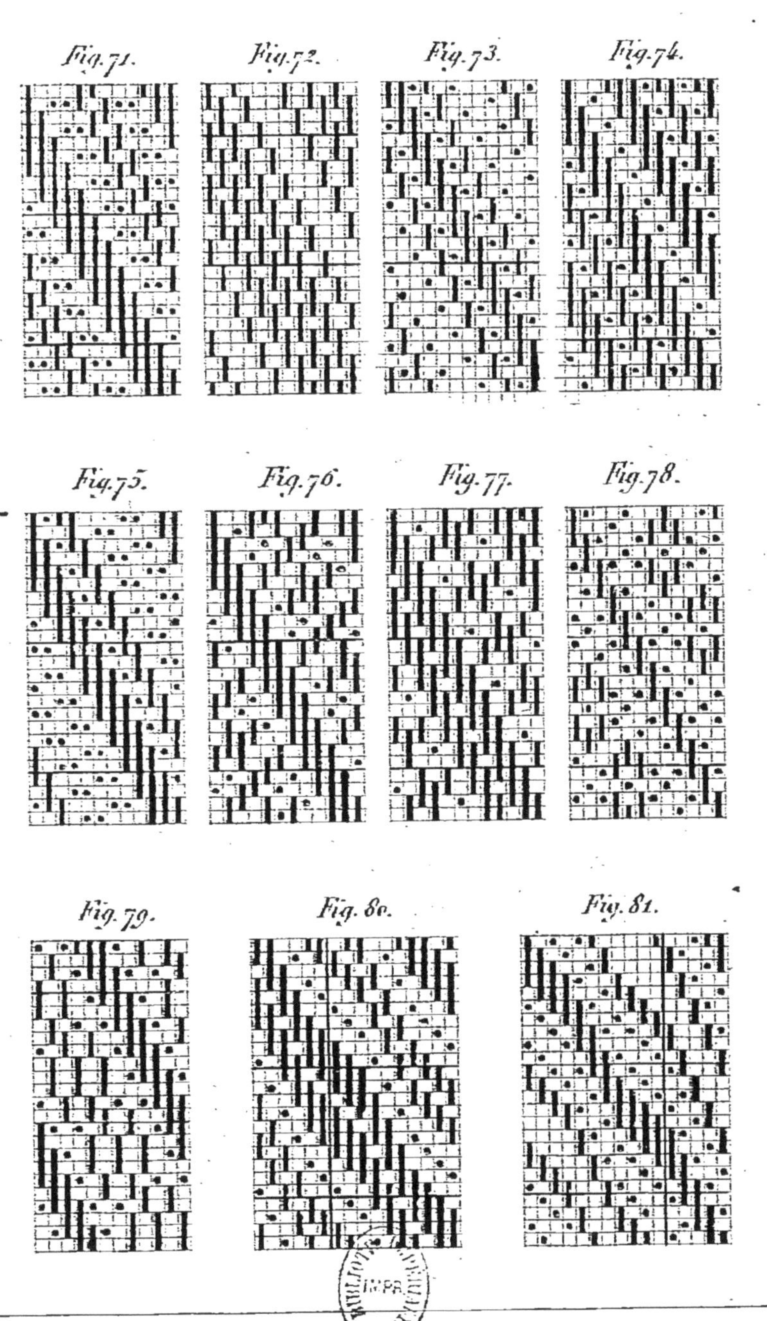

Fig. 71. Fig. 72. Fig. 73. Fig. 74.

Fig. 75. Fig. 76. Fig. 77. Fig. 78.

Fig. 79. Fig. 80. Fig. 81.

Fig. 82.

Fig. 83.

Fig. 84.

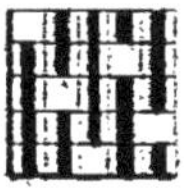

Fig. 85.

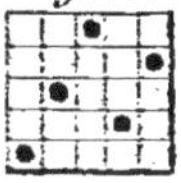

Fig. 86.

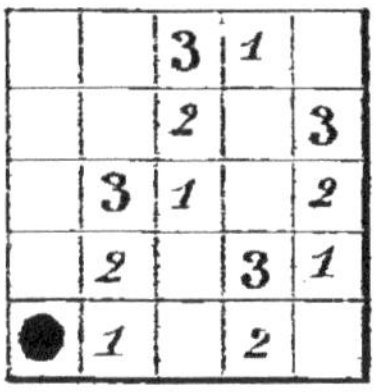

		3	1	
		2		3
	3	1		2
	2		3	1
●	1		2	

Fig. 87.

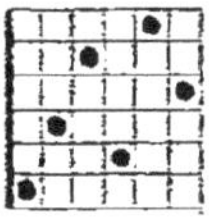

Fig. 88.

Satin de 5.

Fig. 89.

S. de 7.

Fig. 90.

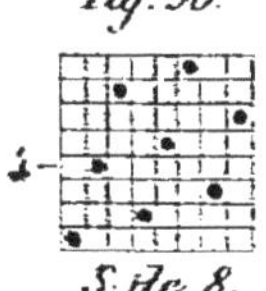

S. de 8.

Fig. 91.

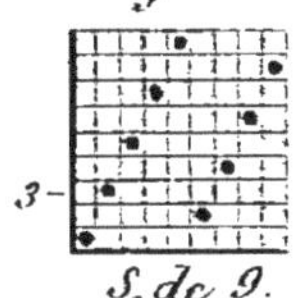

S. de 9.

Fig. 92.

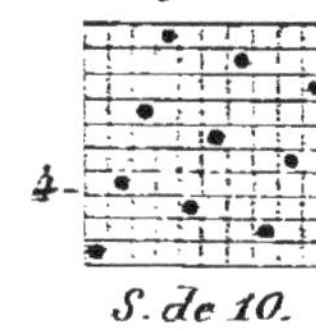

S. de 10.

Fig. 93.

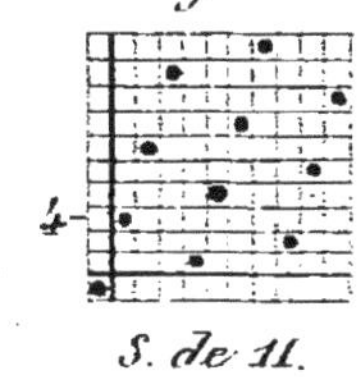

S. de 11.

Fig. 94.

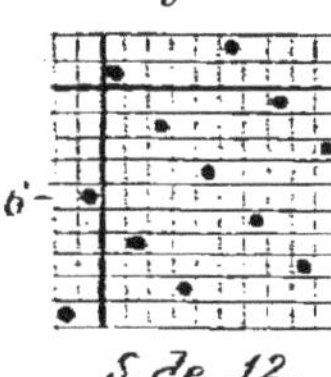

S. de 12.

Fig. 95.

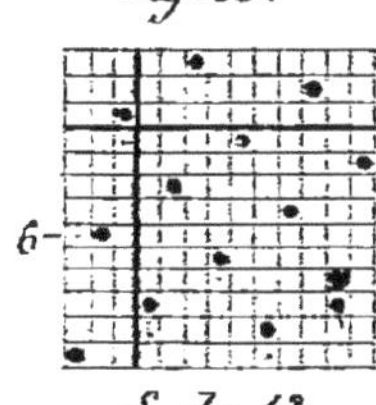

S. de 13.

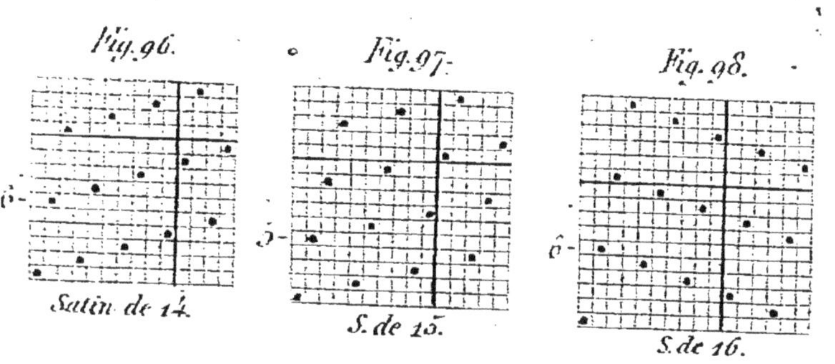

Fig. 96. Satin de 14. Fig. 97. S. de 15. Fig. 98. S. de 16.

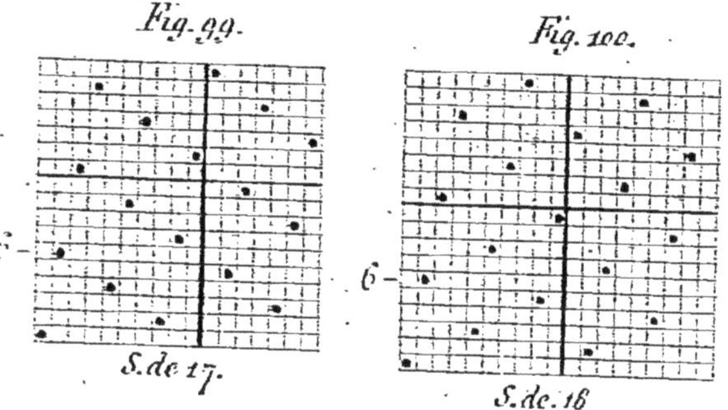

Fig. 99. S. de 17. Fig. 100. S. de 18.

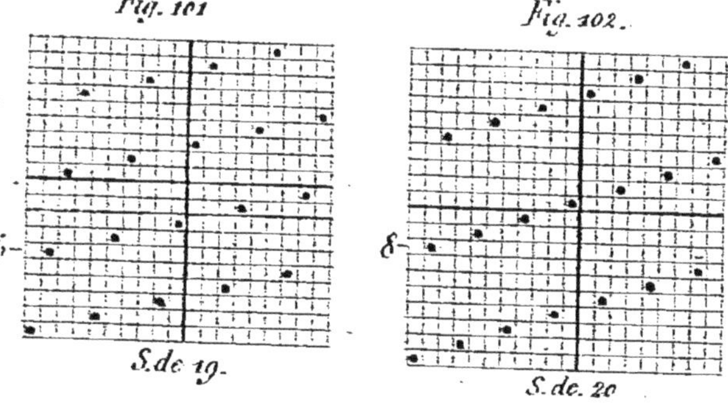

Fig. 101. S. de 19. Fig. 102. S. de 20.

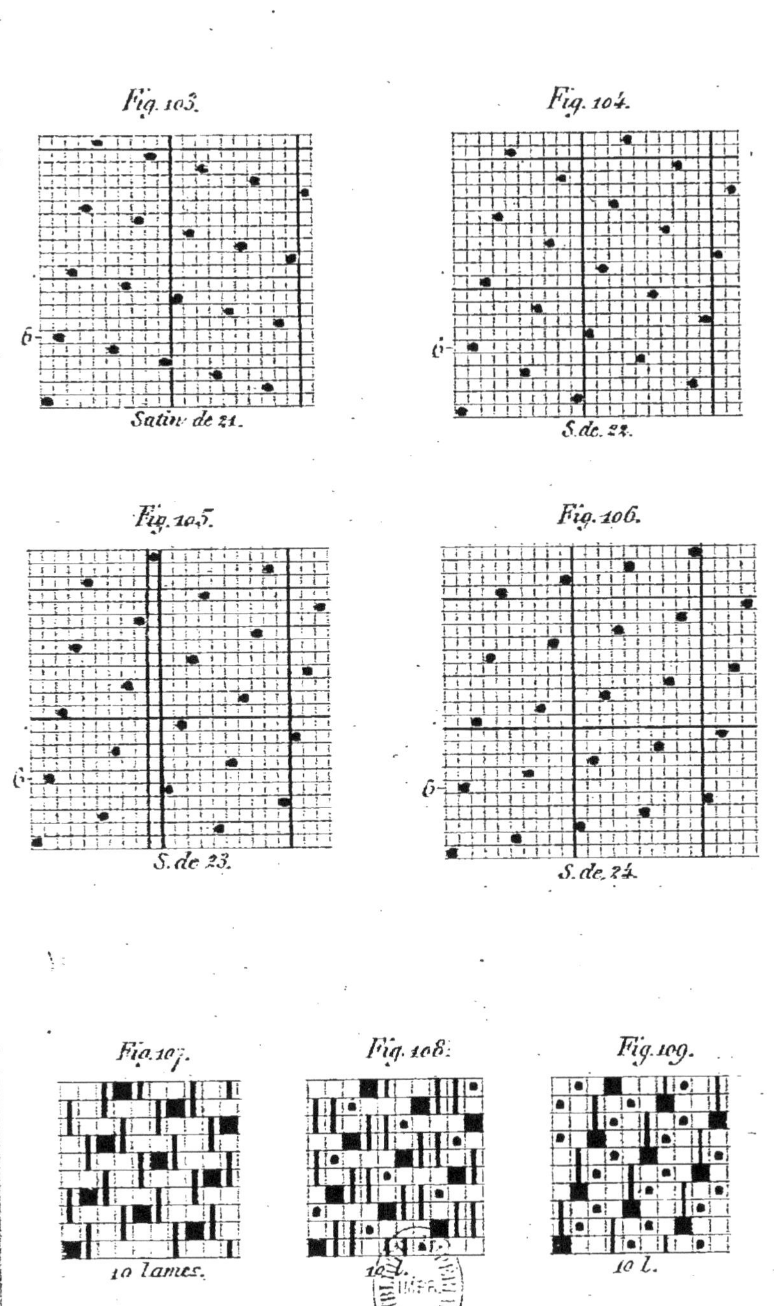
Fig. 103.
6
Satin de 21.
Fig. 104.
6
S. de 22.
Fig. 105.
6
S. de 23.
Fig. 106.
6
S. de 24.
Fig. 107.
10 lames.
Fig. 108.
10 l.
Fig. 109.
10 l.

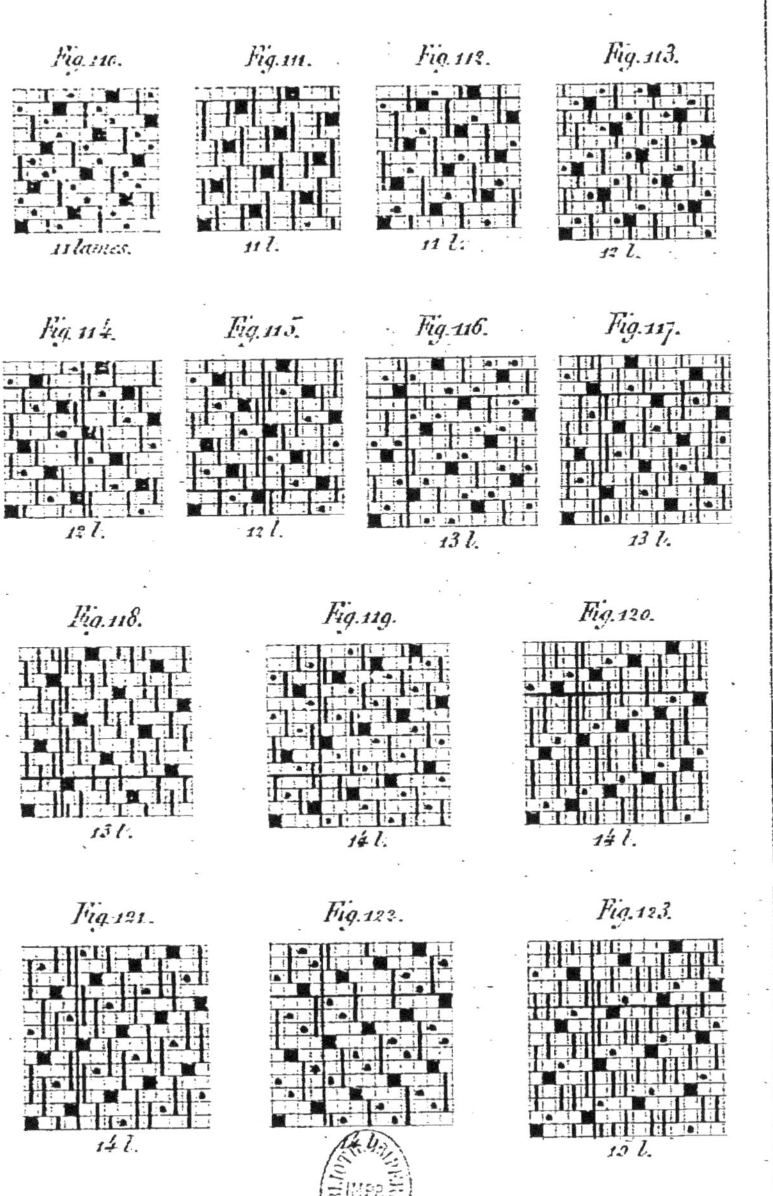
Fig. 110.
11 lames.
Fig. 111.
11 l.
Fig. 112.
11 l.
Fig. 113.
12 l.
Fig. 114.
12 l.
Fig. 115.
12 l.
Fig. 116.
13 l.
Fig. 117.
13 l.
Fig. 118.
13 l.
Fig. 119.
14 l.
Fig. 120.
14 l.
Fig. 121.
14 l.
Fig. 122.
14 l.
Fig. 123.
15 l.

PL.10.

Fig. 124.
15 lames.
Fig. 125.
15. l.
Fig. 126
15. l.
Fig. 127.
16. l.
Fig. 128.
16 l.
Fig. 129.
16. l.
Fig. 130.
17 l.
Fig. 131.
17 l.
Fig. 132.
17 l.
Fig. 133.
18 l.
Fig. 134.
Fig. 135.
18 l.

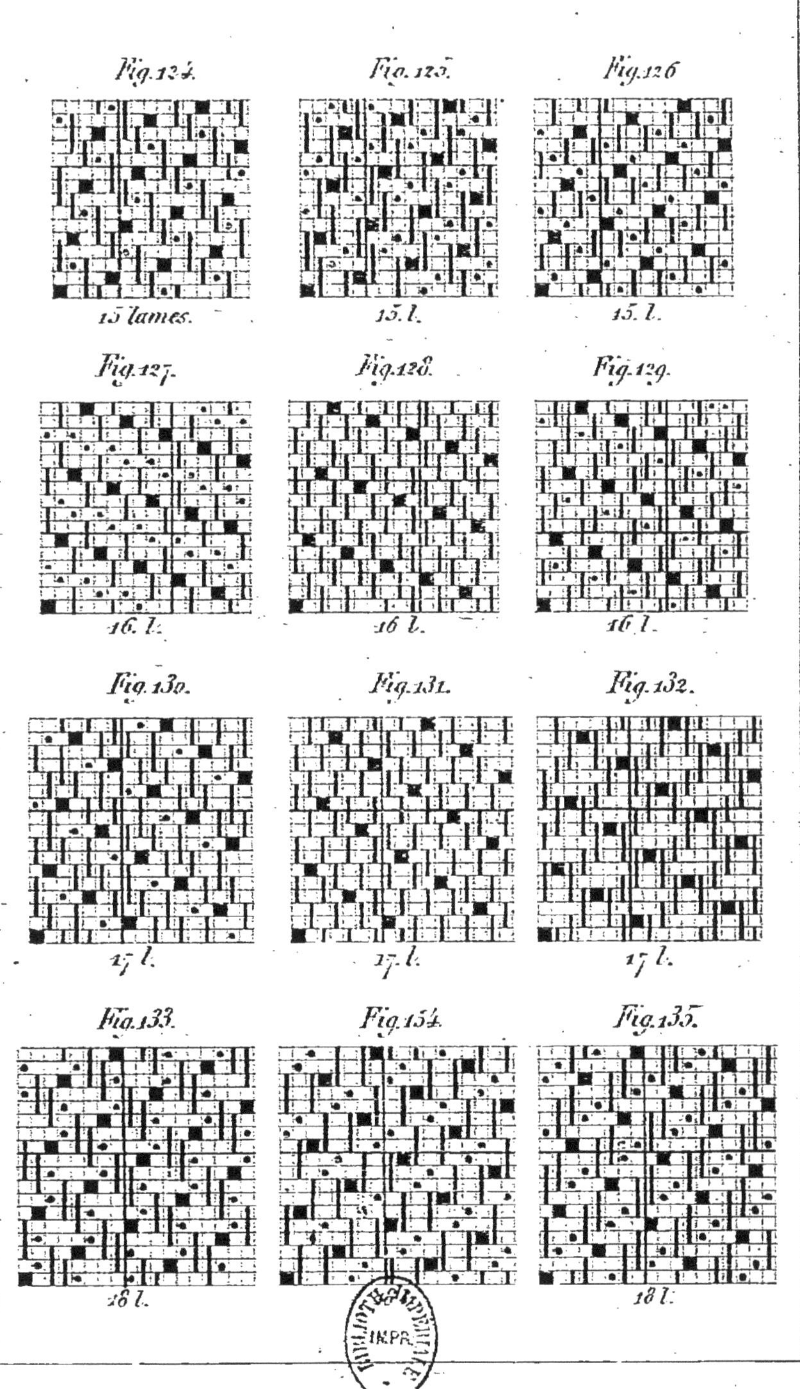

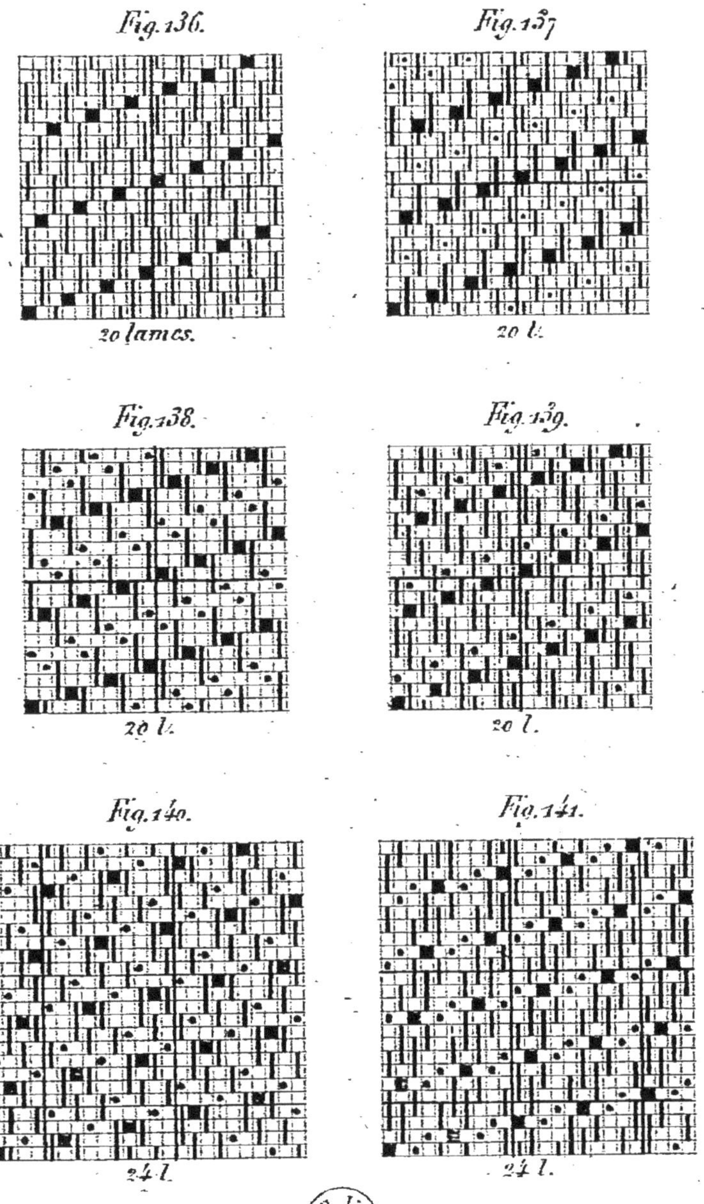
Fig. 136.
20 lames.
Fig. 137
20 l.
Fig. 138.
20 l.
Fig. 139.
20 l.
Fig. 140.
24 l.
Fig. 141.
24 l.

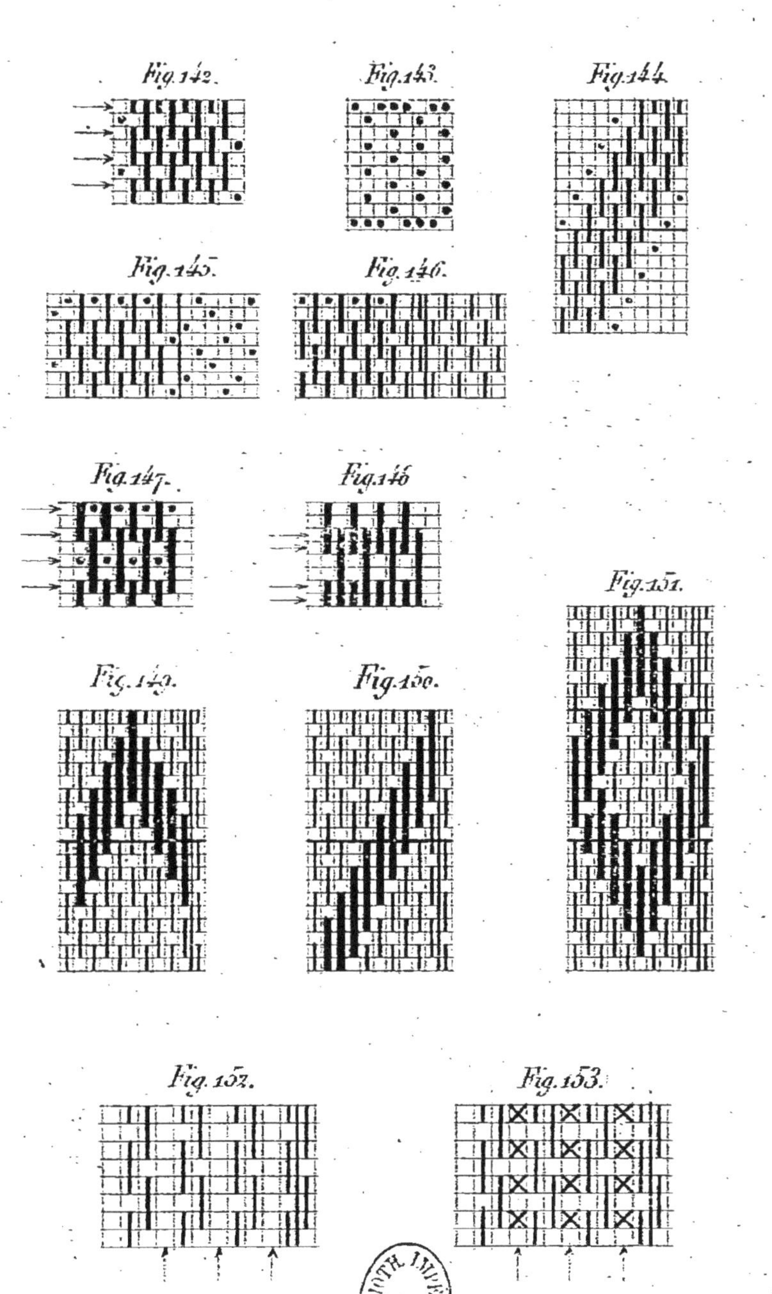
Fig.142.
Fig.143.
Fig.144.
Fig.145.
Fig.146.
Fig.147.
Fig.148.
Fig.151.
Fig.149.
Fig.150.
Fig.152.
Fig.153.

Pl.13.

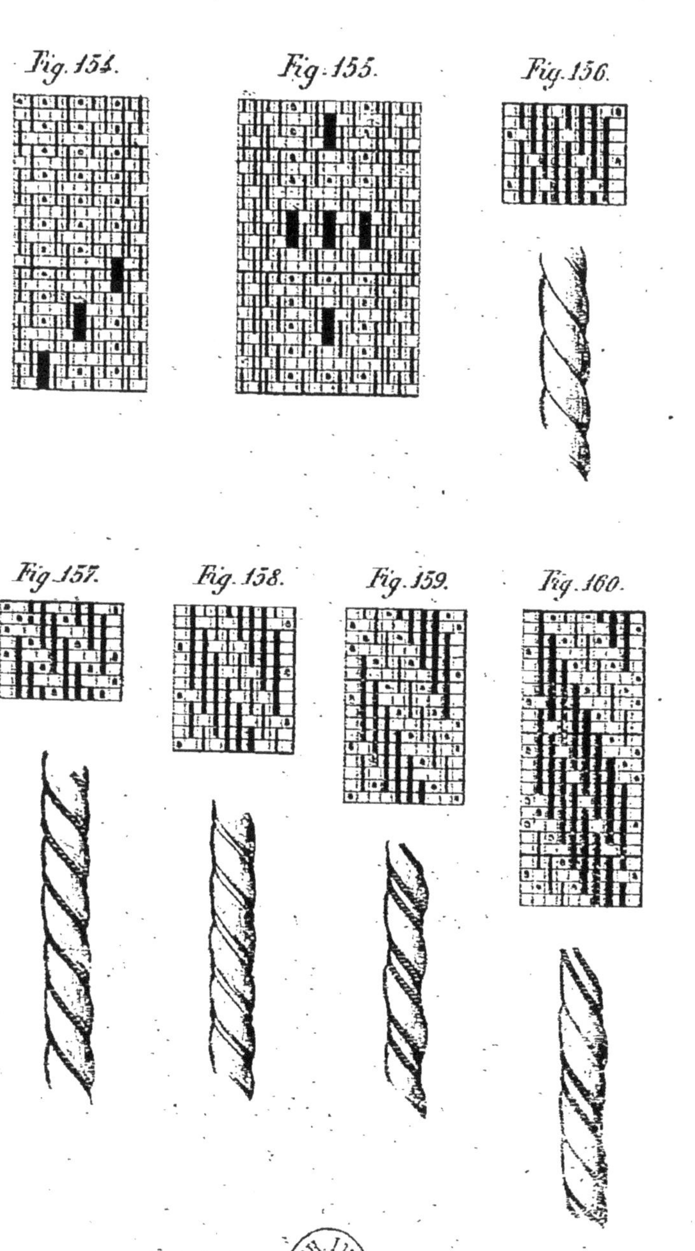

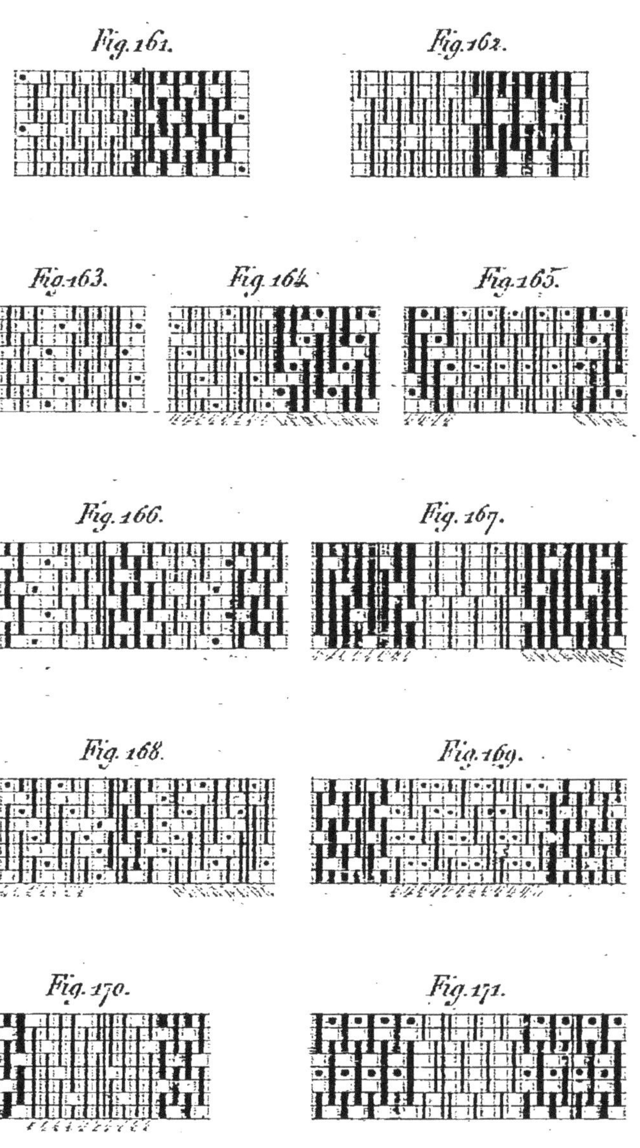

Fig. 161. Fig. 162. Fig. 163. Fig. 164. Fig. 165. Fig. 166. Fig. 167. Fig. 168. Fig. 169. Fig. 170. Fig. 171.

Pl. 15.

Fig. 172.
Fig. 173.
Fig. 174.
Fig. 175.
Fig. 176.
Fig. 177.
Fig. 178.
Fig. 179.
1, 2, 3, 4, 5, 6, 7, 8, 9, 10.
Fig. 180.
1. 2
5, 6
9, 10
3, 4
7, 8
Fig. 181.
1 2 3 4
5 6 7
8 9 10
11 12 13
14 15 16
Fig. 182.

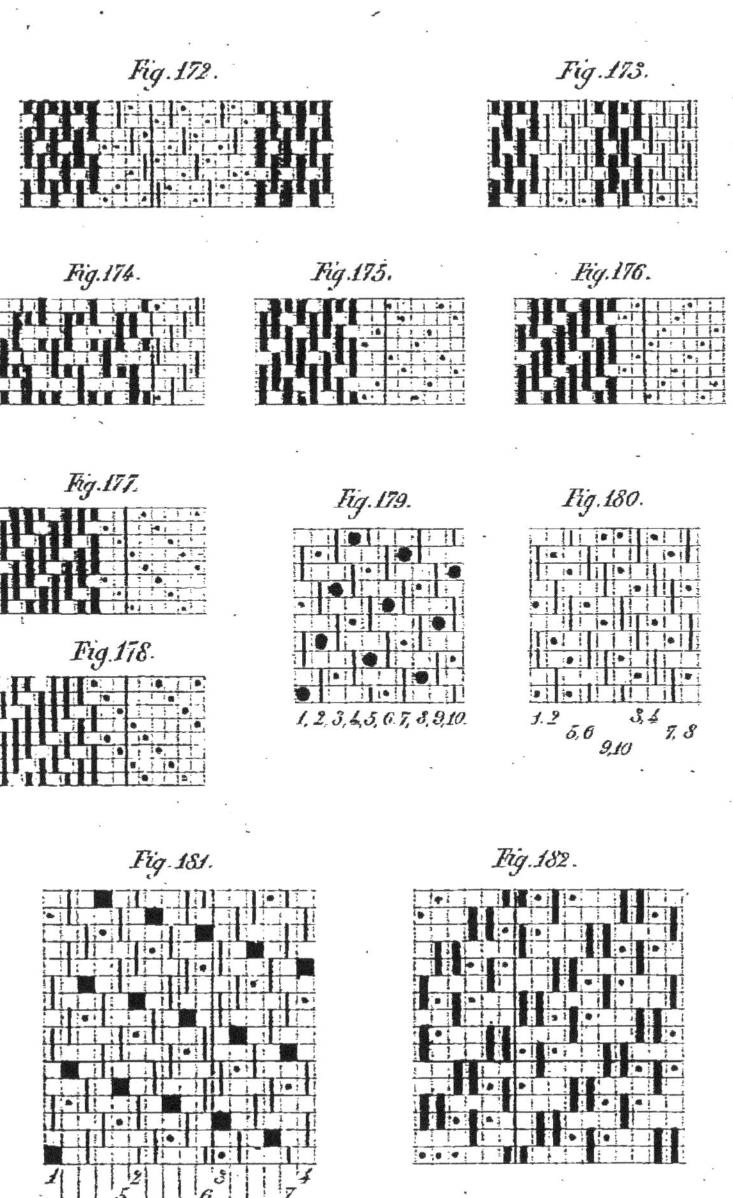

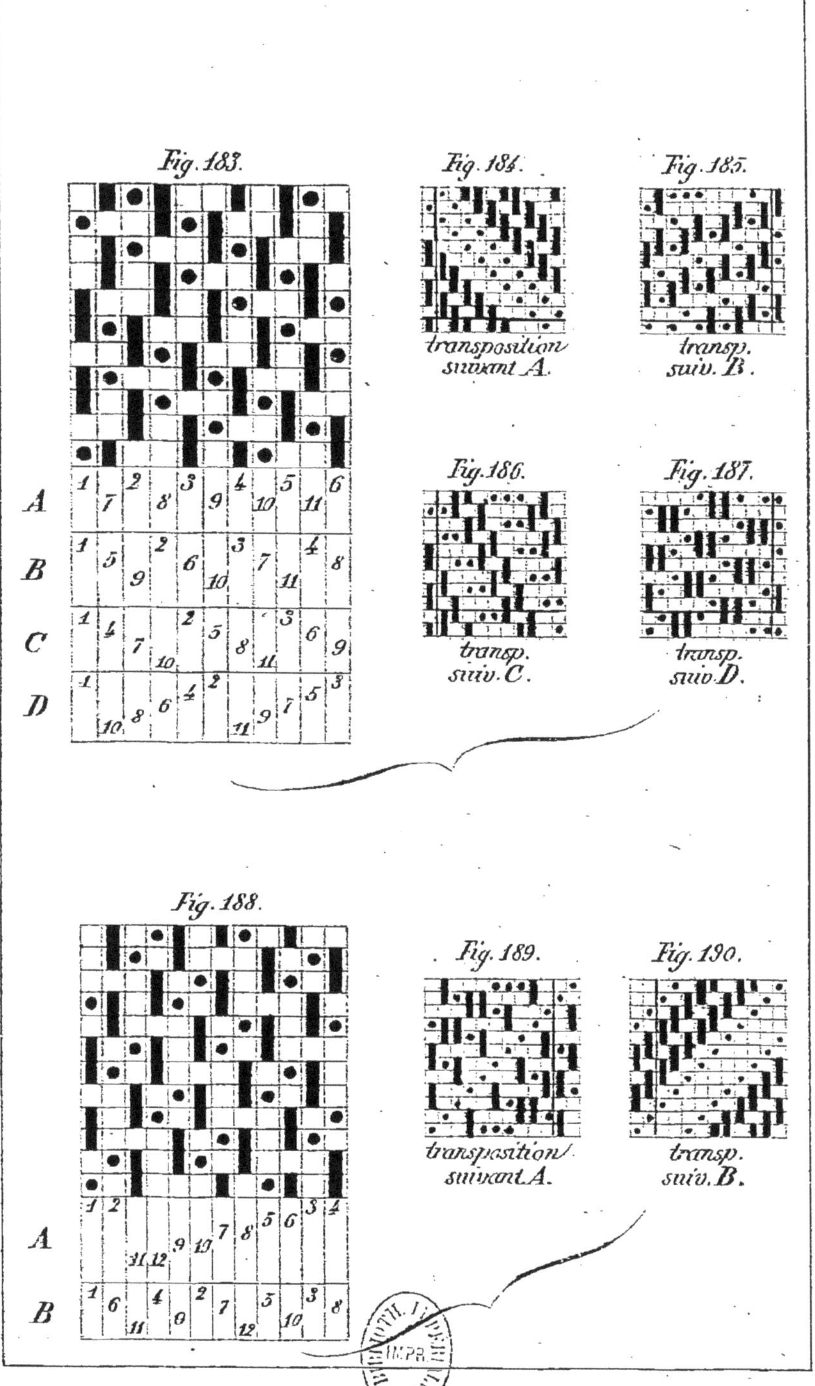
Fig. 183.
A
B
C
D
Fig. 184.
transposition
suivant A.
Fig. 185.
transp.
suiv. B.
Fig. 186.
transp.
suiv. C.
Fig. 187.
transp.
suiv. D.
Fig. 188.
A
B
Fig. 189.
transposition
suivant A.
Fig. 190.
transp.
suiv. B.

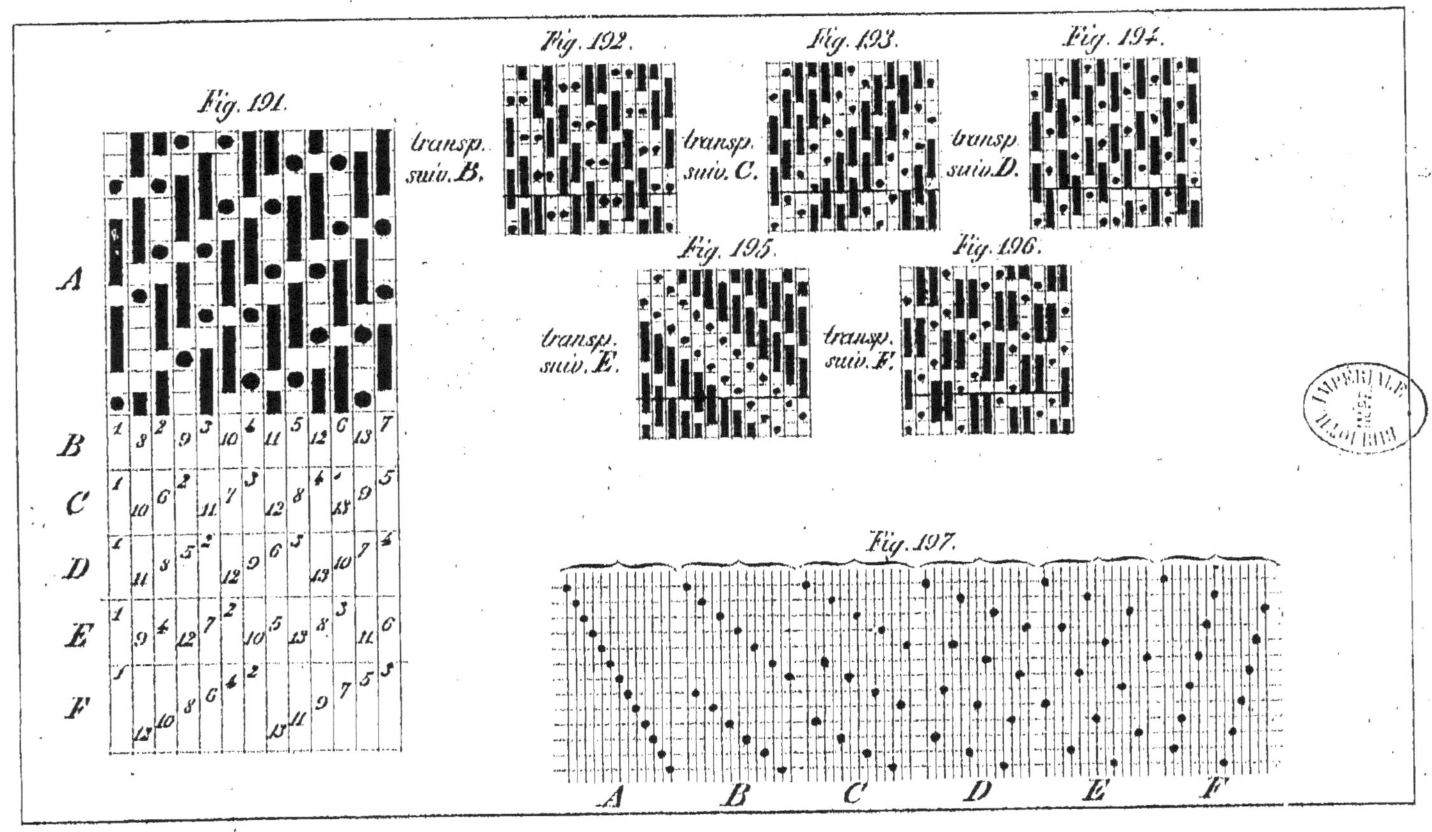
Fig. 191.
A
B
C
D
E
F
transp. suiv. B.
Fig. 192.
transp. suiv. C.
Fig. 193.
transp. suiv. D.
Fig. 194.
transp. suiv. E.
Fig. 195.
transp. suiv. F.
Fig. 196.
Fig. 197.
A
B
C
D
E
F

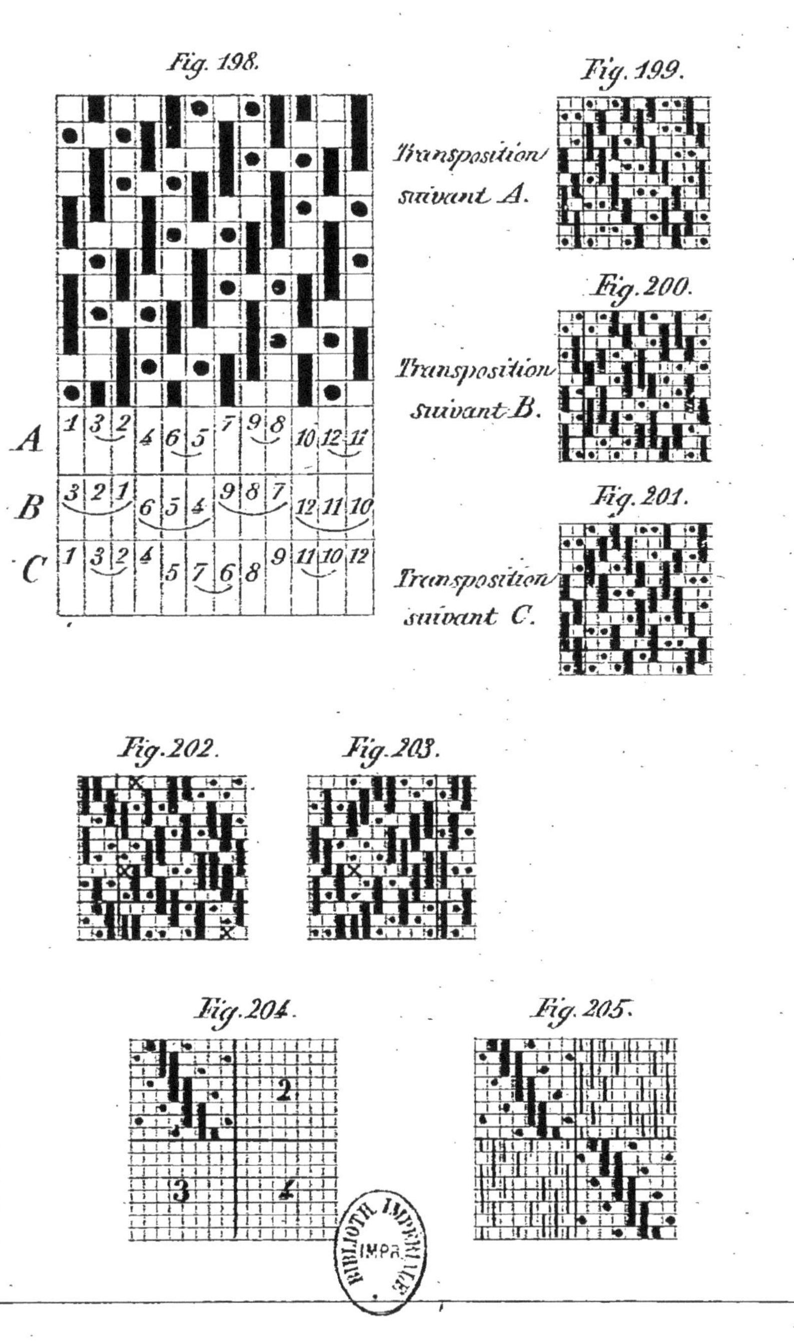
Fig. 198.
A 1 3 2 4 6 5 7 9 8 10 12 11
B 3 2 1 6 5 4 9 8 7 12 11 10
C 1 3 2 4 5 7 6 8 9 11 10 12
Fig. 199.
Transposition suivant A.
Fig. 200.
Transposition suivant B.
Fig. 201.
Transposition suivant C.
Fig. 202.
Fig. 203.
Fig. 204.
2
3
4
Fig. 205.

Fig. 206.

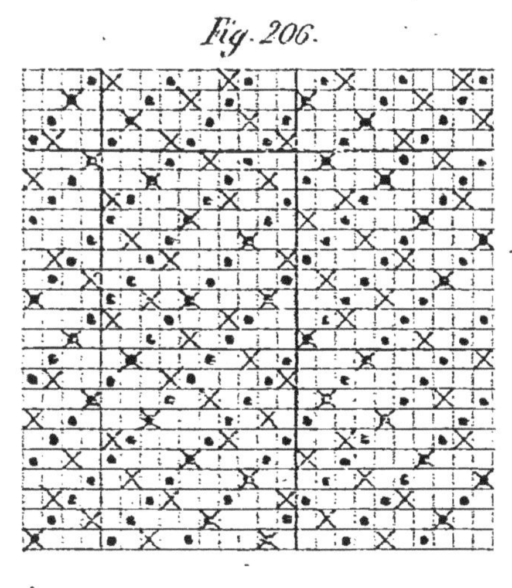

Points du satin de 6.

Points du sergé de 4

Points des deux tissus.

Fig. 207.

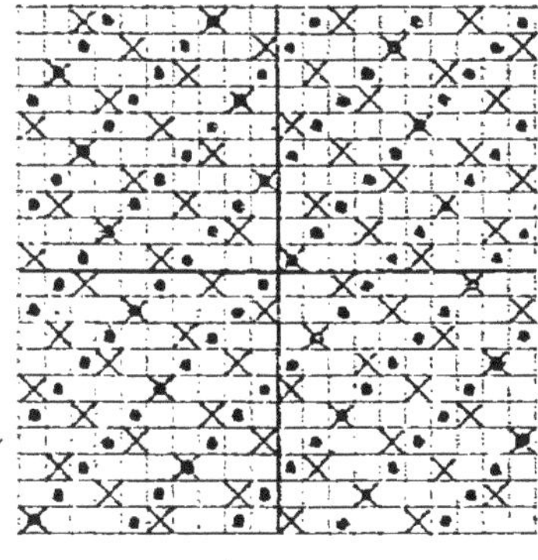

Fig. 208.

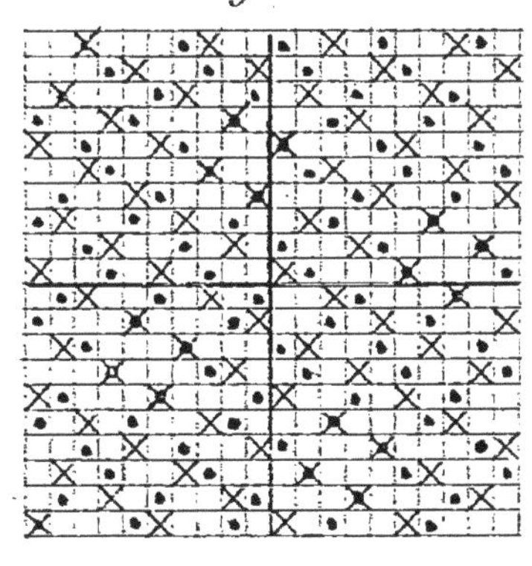

Fig. 209.

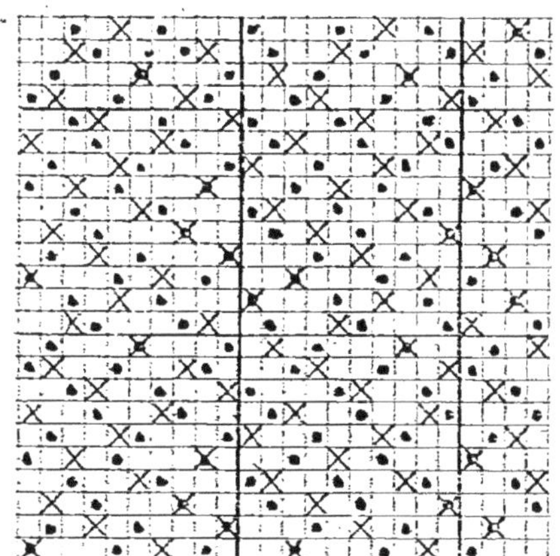

Fig. 210.

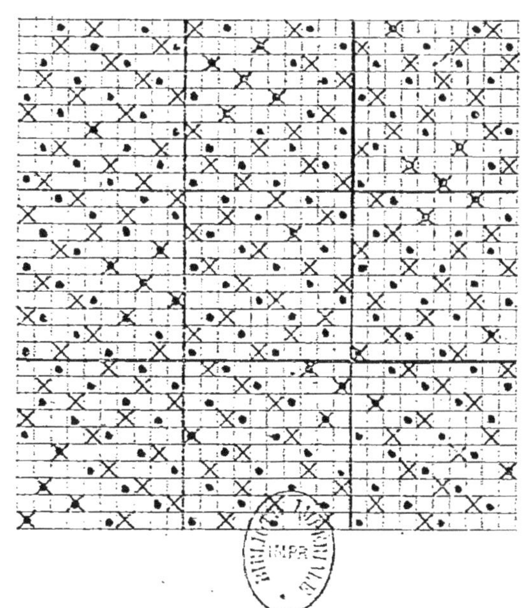

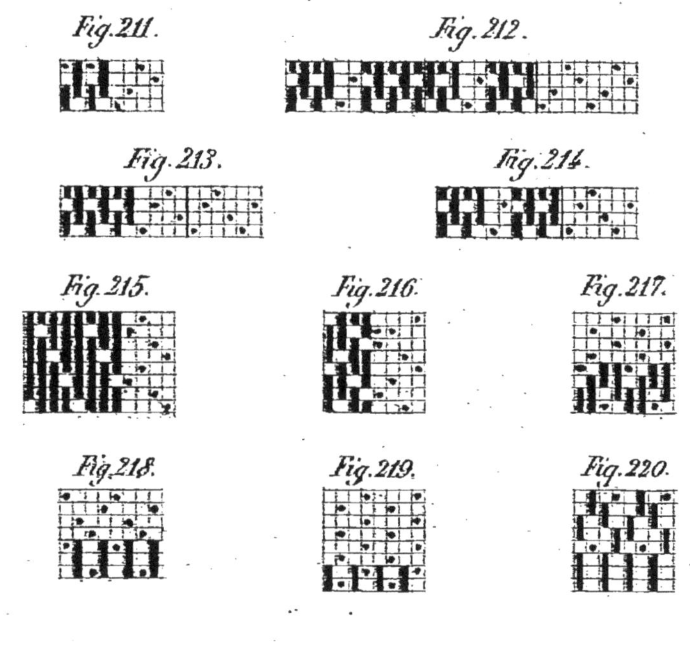
Fig. 211.
Fig. 212.
Fig. 213.
Fig. 214.
Fig. 215.
Fig. 216.
Fig. 217.
Fig. 218.
Fig. 219.
Fig. 220.

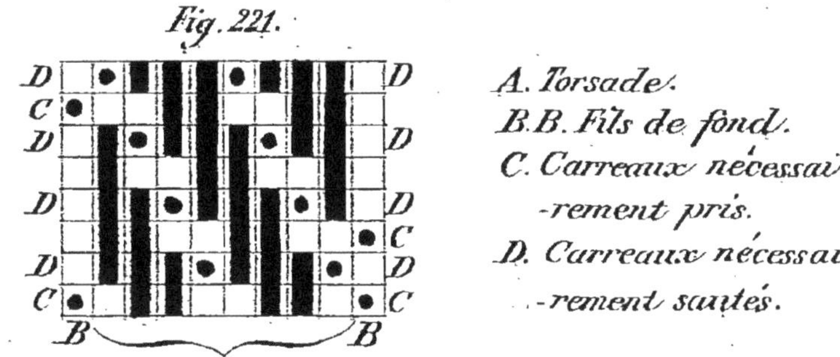
Fig. 221.
D C D D D C
D D D C D C
B B
A
A. Torsade.
B.B. Fils de fond.
C. Carreaux nécessai-
-rement pris.
D. Carreaux nécessai-
-rement sautés.

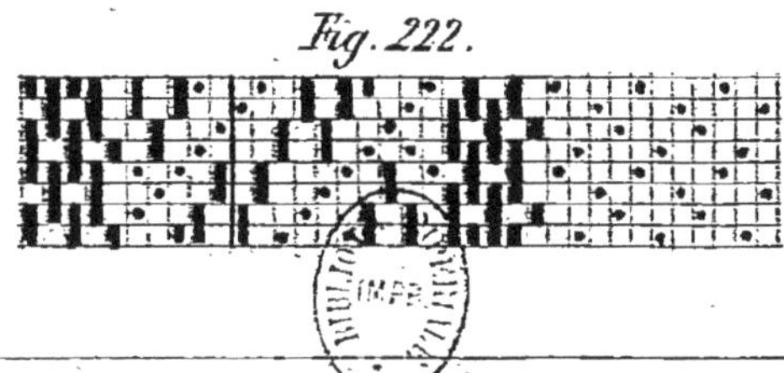
Fig. 222.

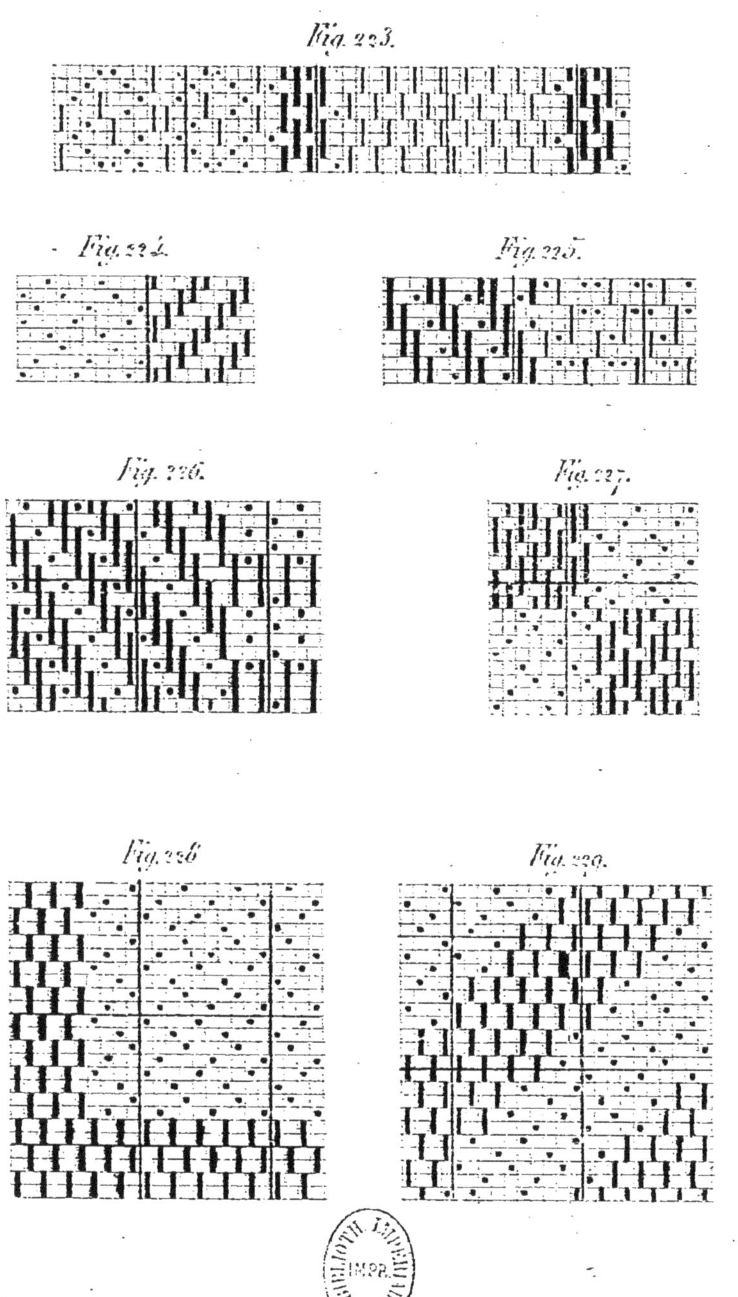
Fig. 223.
Fig. 224.
Fig. 225.
Fig. 226.
Fig. 227.
Fig. 228
Fig. 229.

Fig. 230.

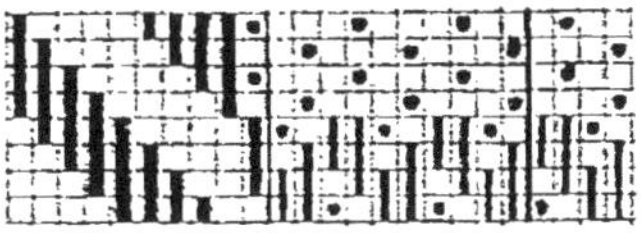

Fig. 231.

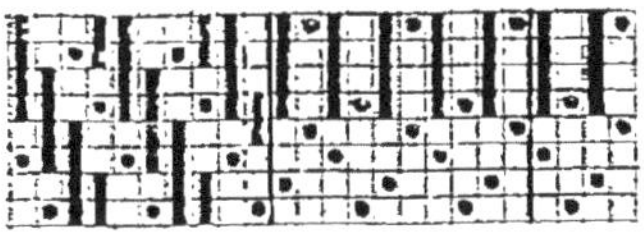

Fig. 232.

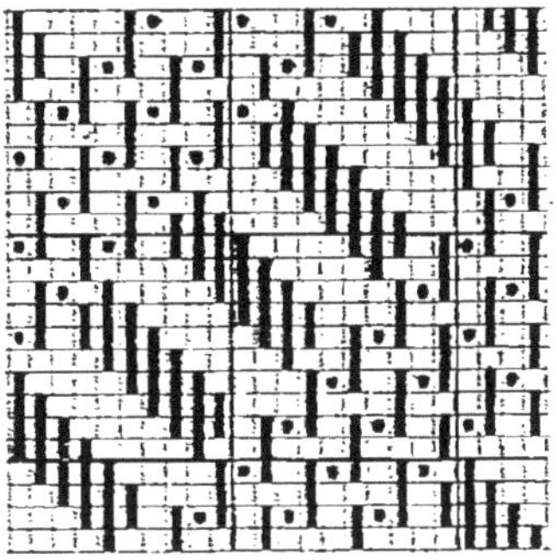

Fig. 233.

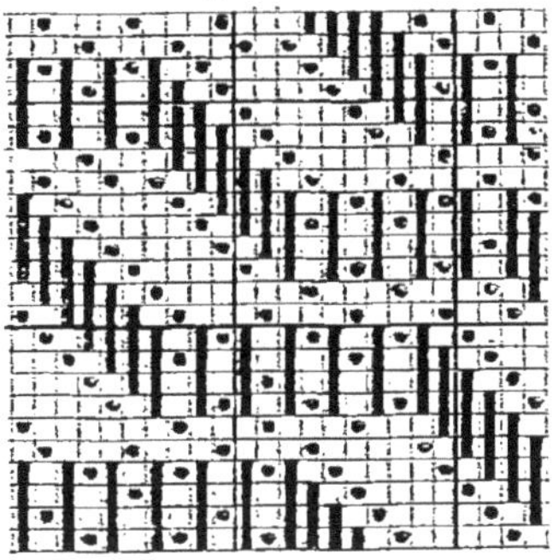

Fig. 234.

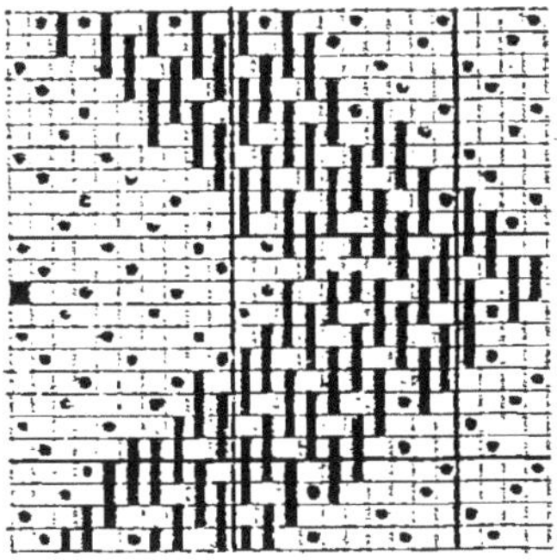

Fig. 235.

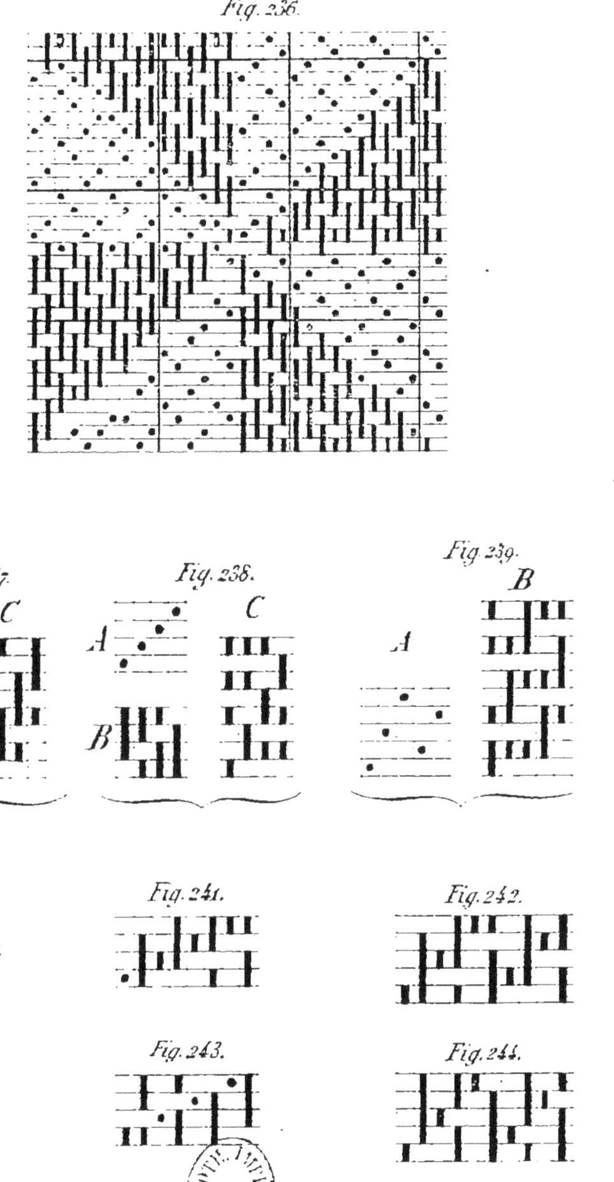
Fig. 236.
Fig. 237.
A
B
C
Fig. 238.
A
B
C
Fig. 239.
A
B
Fig. 240.
Fig. 241.
Fig. 242.
Fig. 243.
Fig. 244.

Fig. 245.

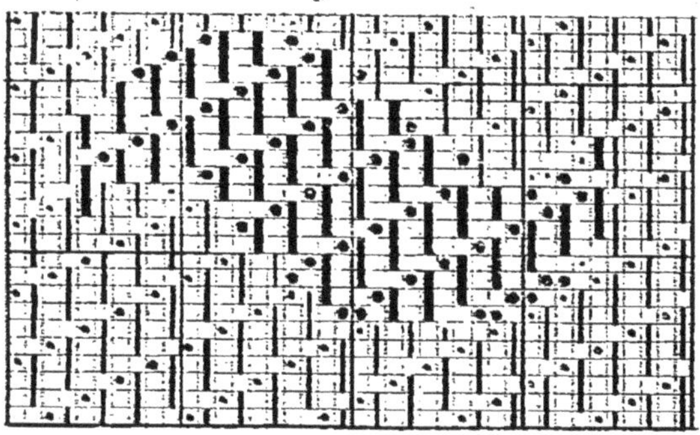

Fig. 246. *Fig. 247.*

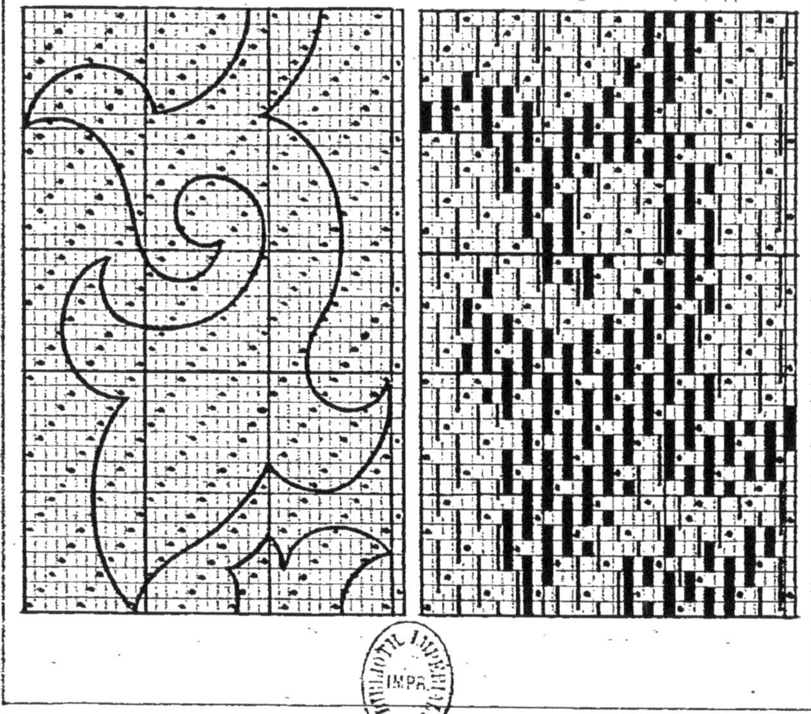

PL. 26.

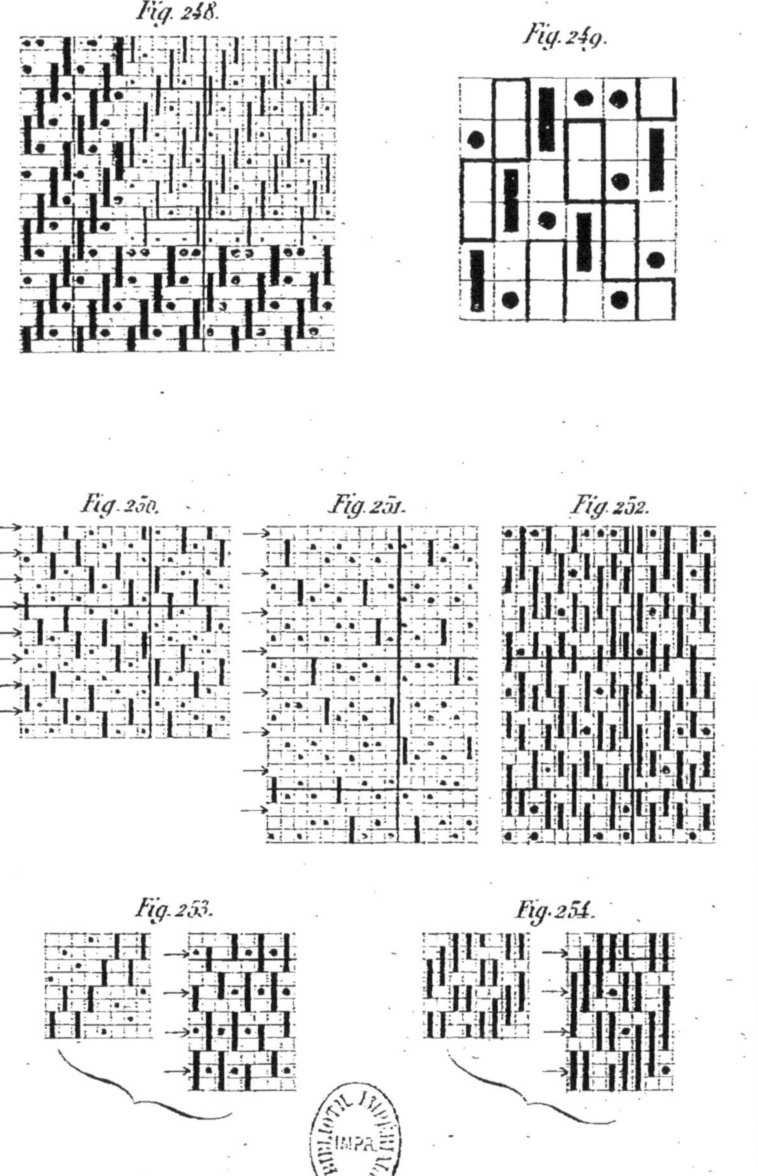
Fig. 248.
Fig. 249.
Fig. 250.
Fig. 251.
Fig. 252.
Fig. 253.
Fig. 254.

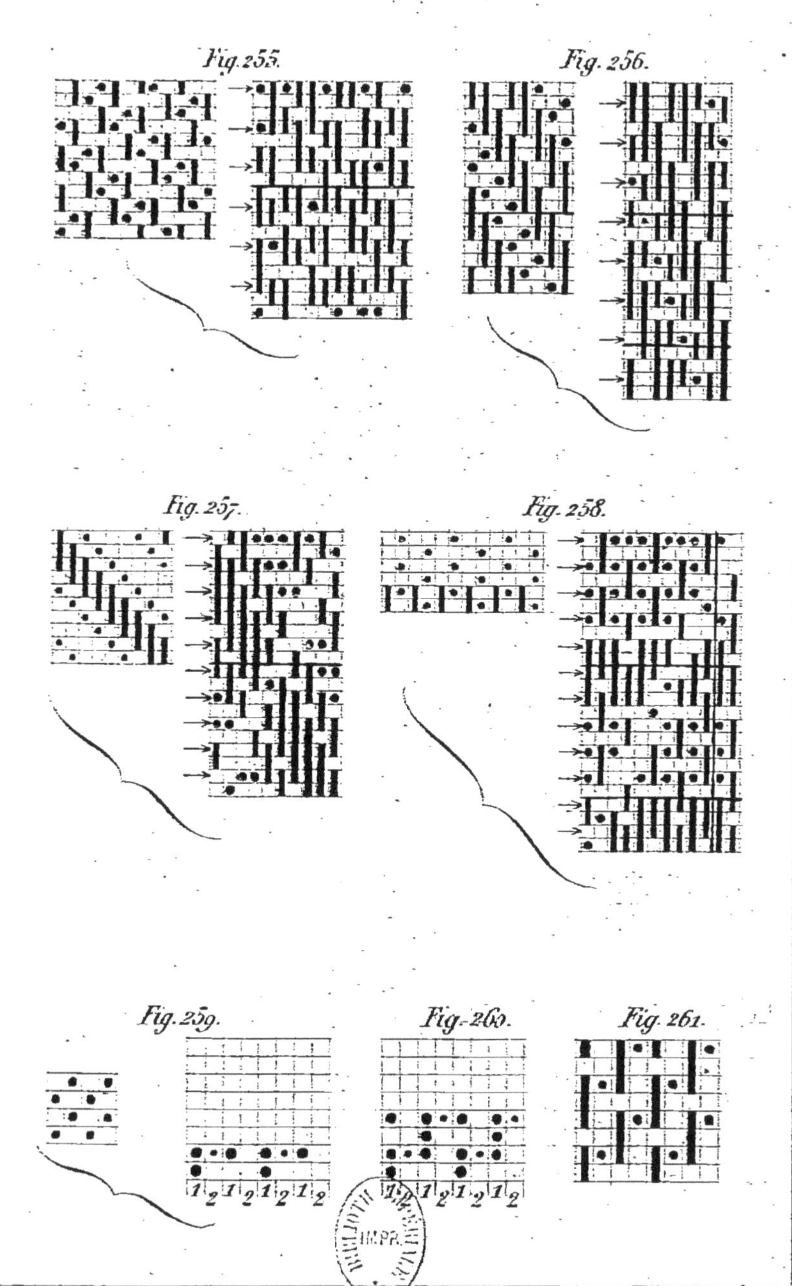
Fig. 255.
Fig. 256.
Fig. 257.
Fig. 258.
Fig. 259.
1 2 1 2 1 2 1 2
Fig. 260.
1 2 1 2 1 2 1 2
Fig. 261.

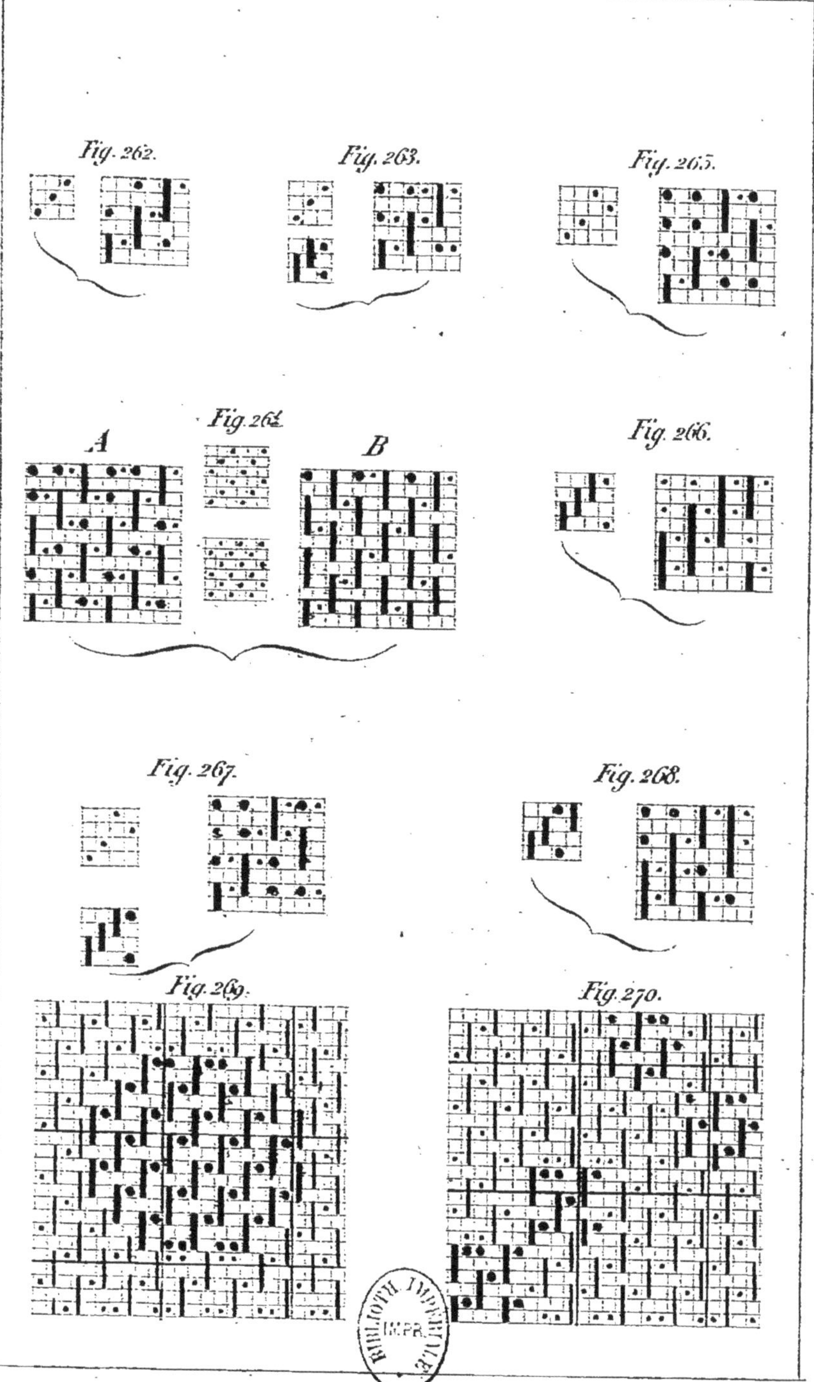
Fig. 262.
Fig. 263.
Fig. 265.
A
Fig. 264.
B
Fig. 266.
Fig. 267.
Fig. 268.
Fig. 269.
Fig. 270.

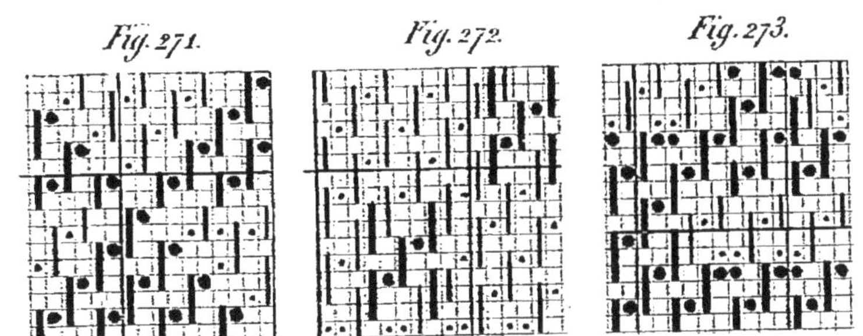

Fig. 271. Fig. 272. Fig. 273.

Fig. 274.

Pl. 30.

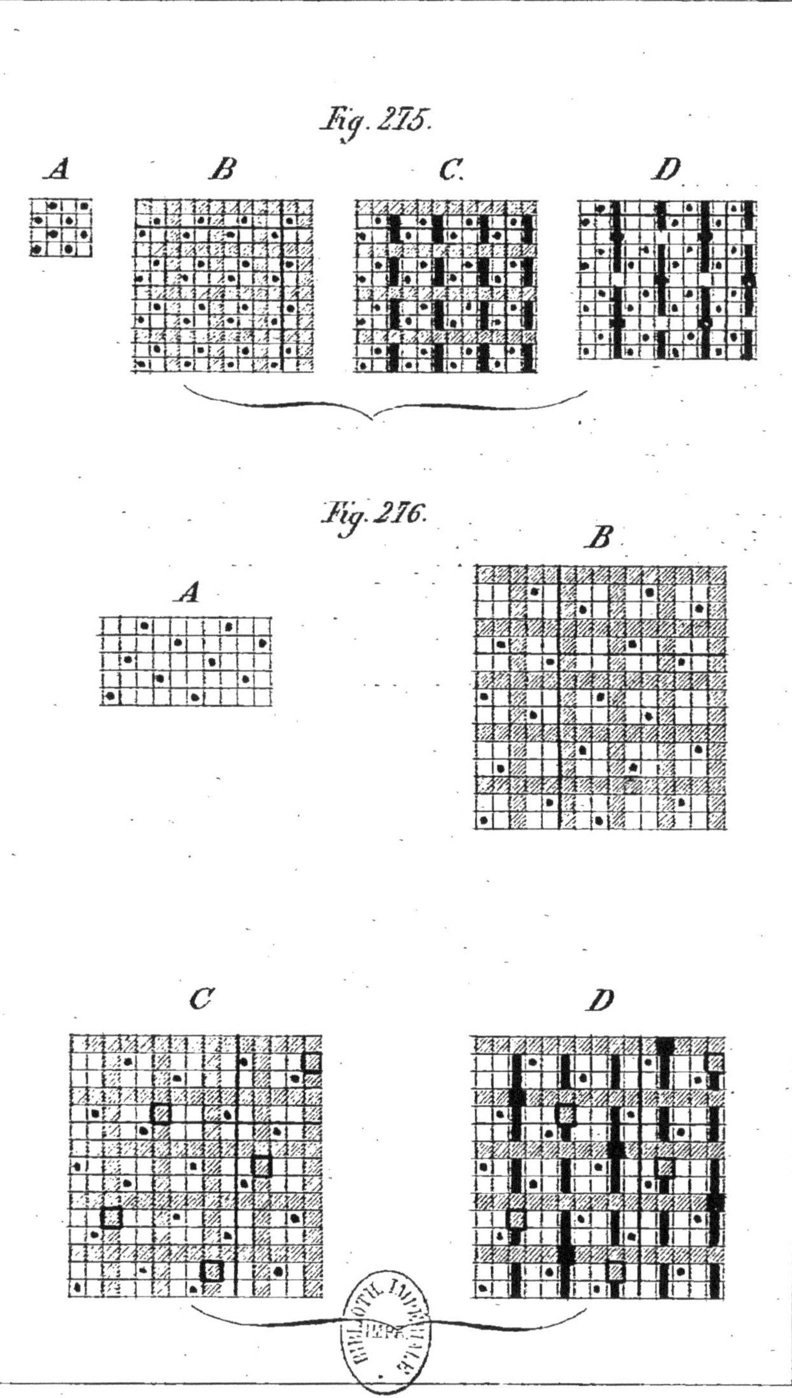

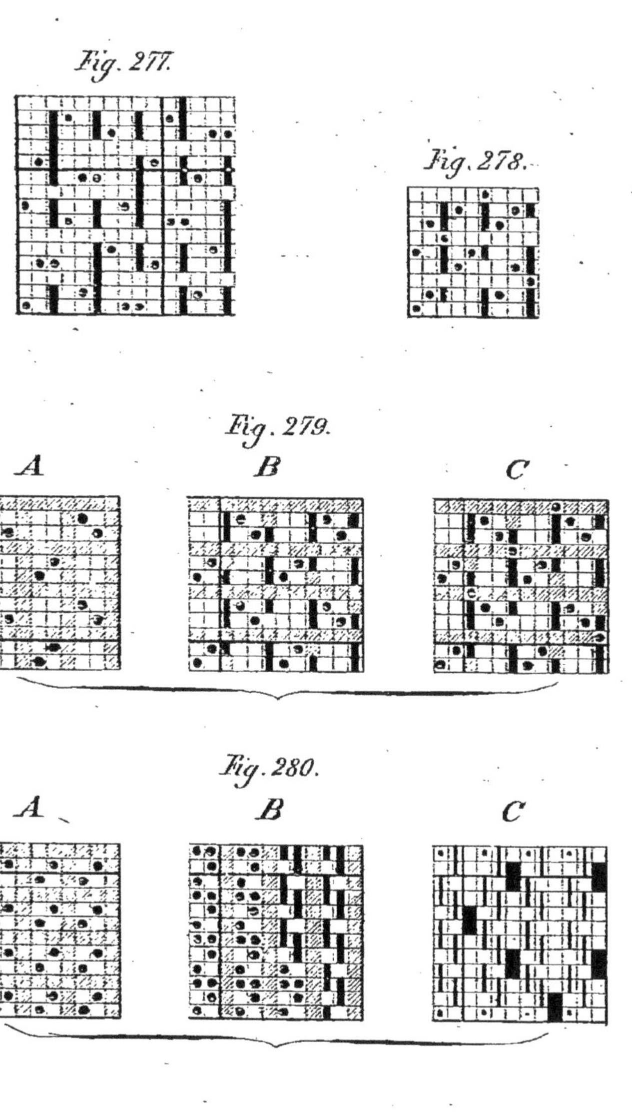
Fig. 277.
Fig. 278.
Fig. 279.
A
B
C
Fig. 280.
A
B
C

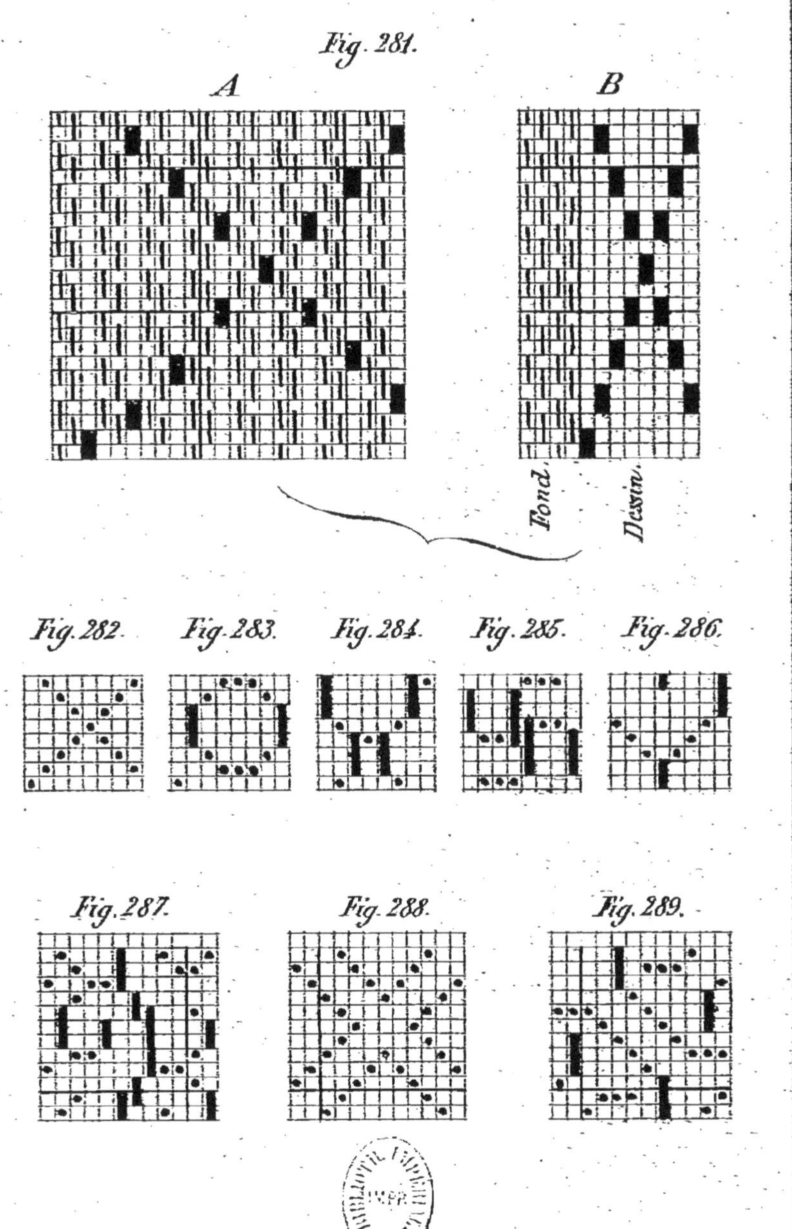
Fig. 281.
A
B
Fond.
Dessin.
Fig. 282.
Fig. 283.
Fig. 284.
Fig. 285.
Fig. 286.
Fig. 287.
Fig. 288.
Fig. 289.

Pl. 33.

Fig. 290.
A
B
Fig. 291.
Fig. 292.
Fig. 293.
Fig. 294.
Fig. 295.
Fig. 296.
Fig. 297.
Fig. 298.
Fig. 299.
Fig. 300.
Fig. 301.
Fig. 302.
Fig. 303.
Fig. 304.

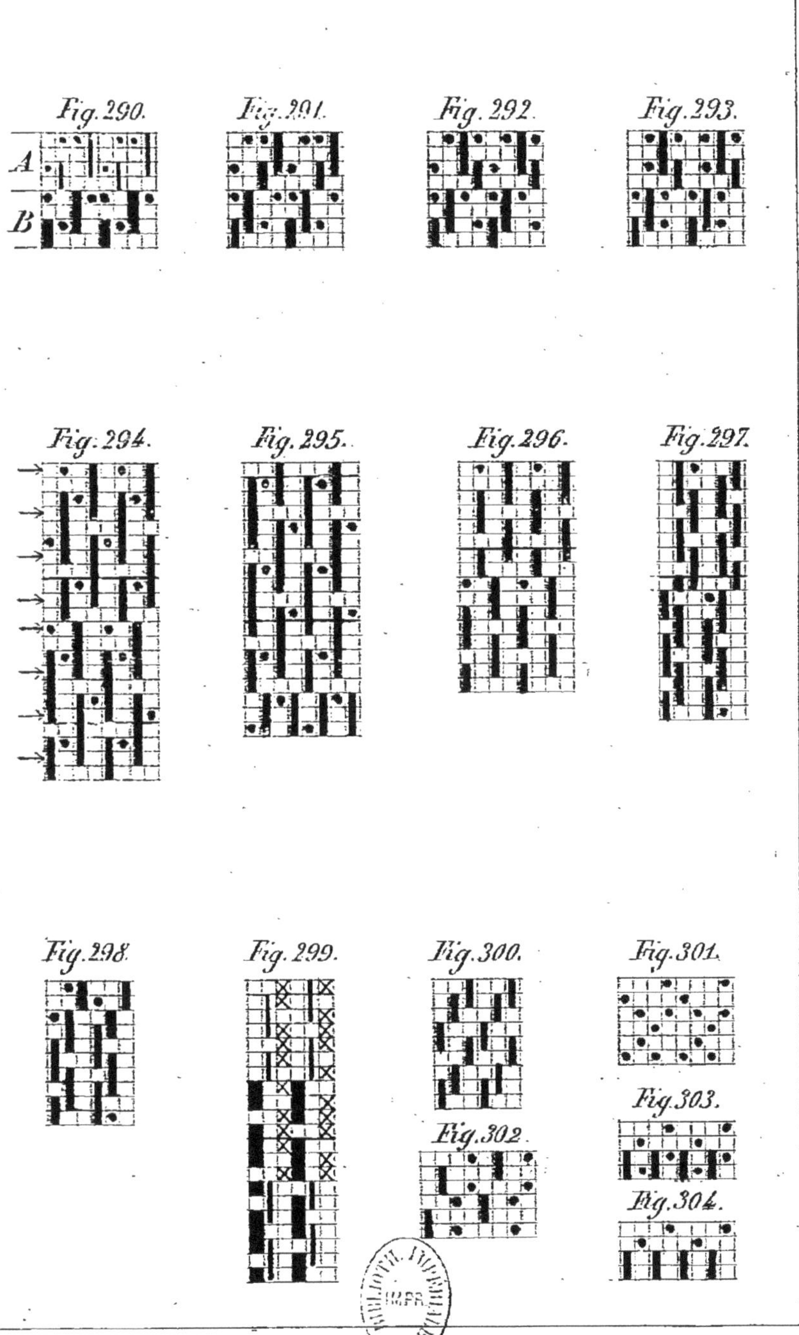

Fig. 305.

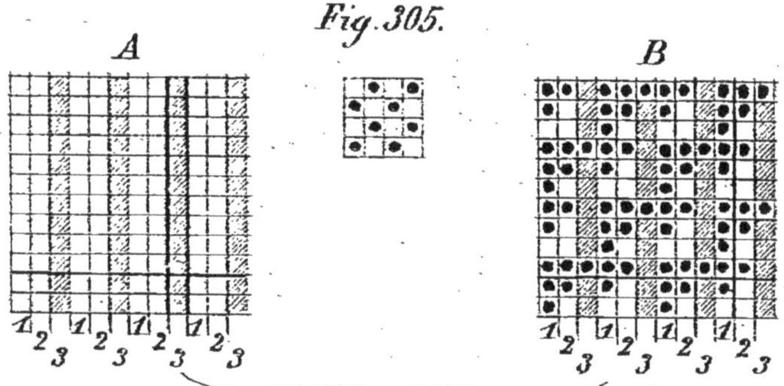

Fig. 306.

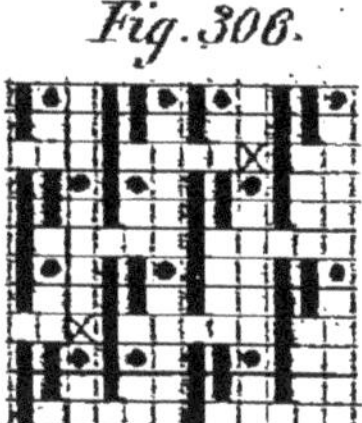

Fig. 307.

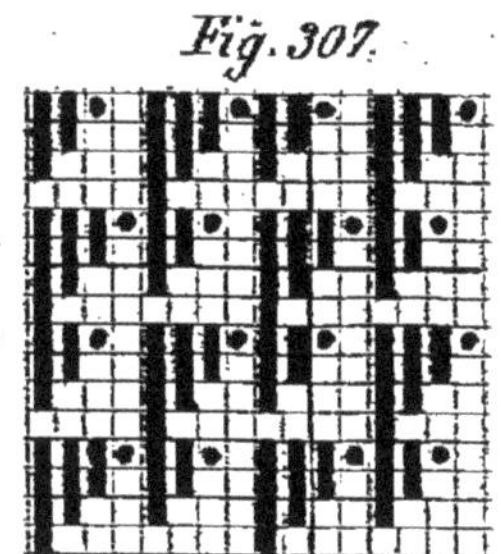

Fig. 308.

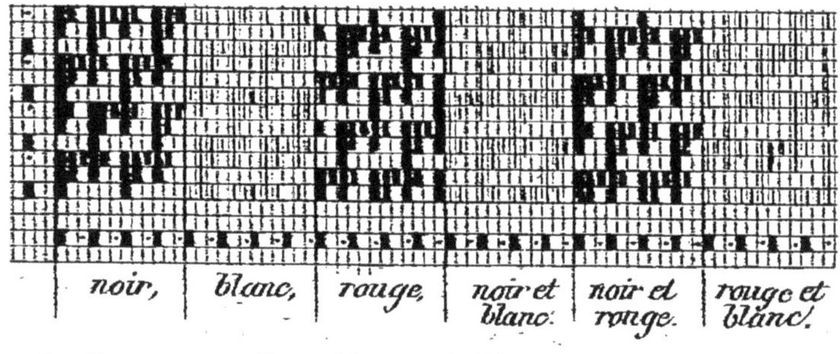

Ourdissage et trâme, noir, blanc, rouge.

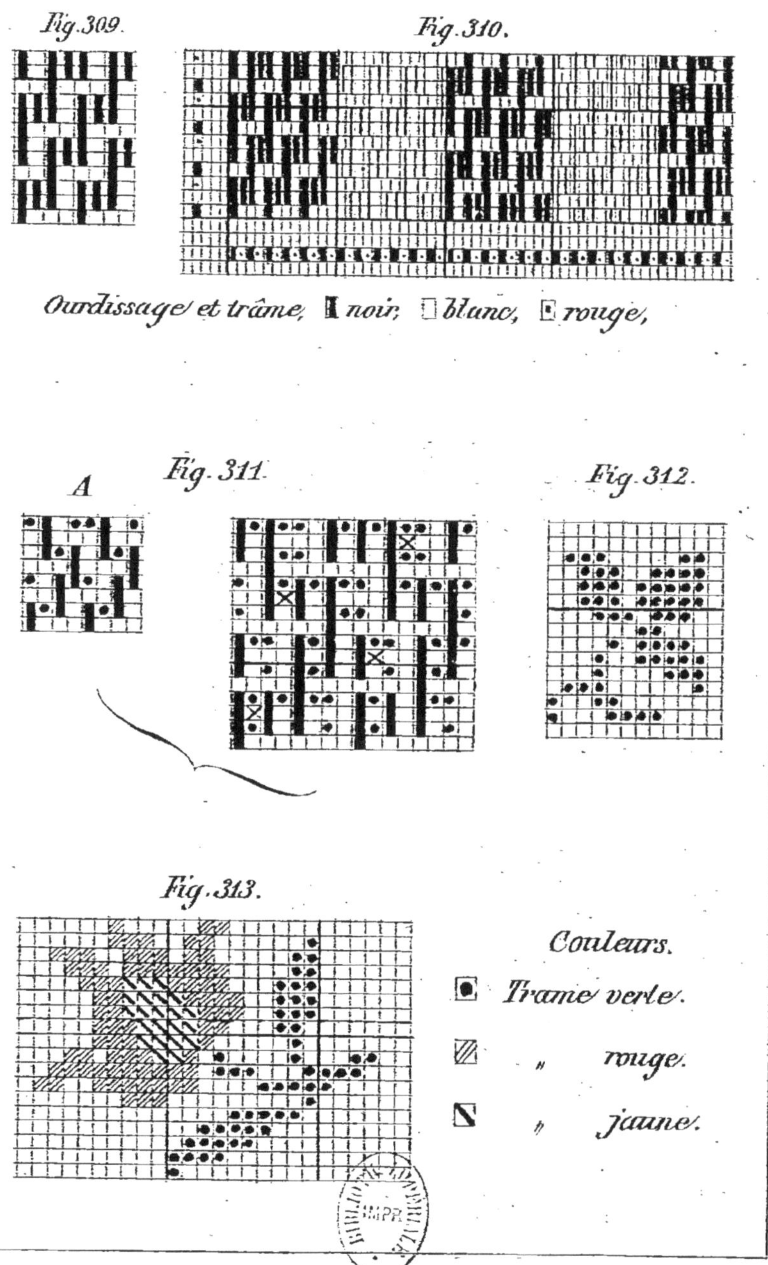
Fig. 309.
Fig. 310.
Ourdissage et trâme, noir, blanc, rouge,
A
Fig. 311.
Fig. 312.
Fig. 313.
Couleurs.
Trame verte.
" rouge.
" jaune.

Fig. 314. Fig. 315.

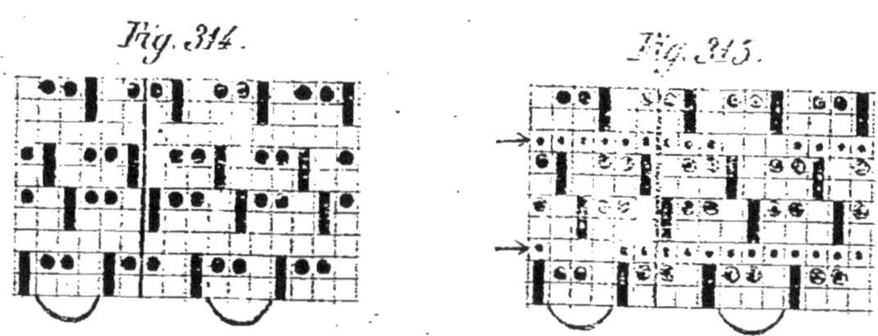

Fig. 316.

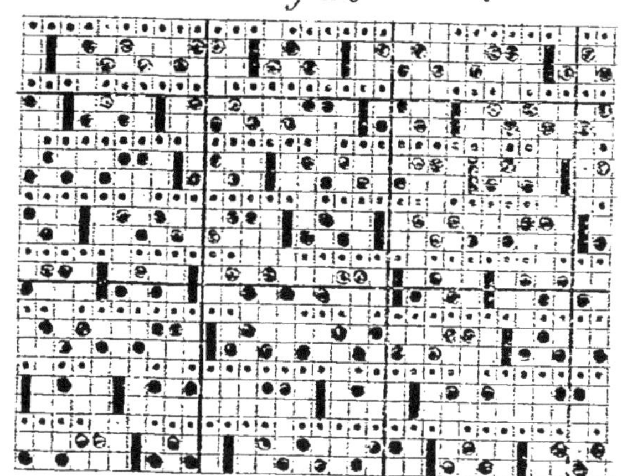

Fig. 317.

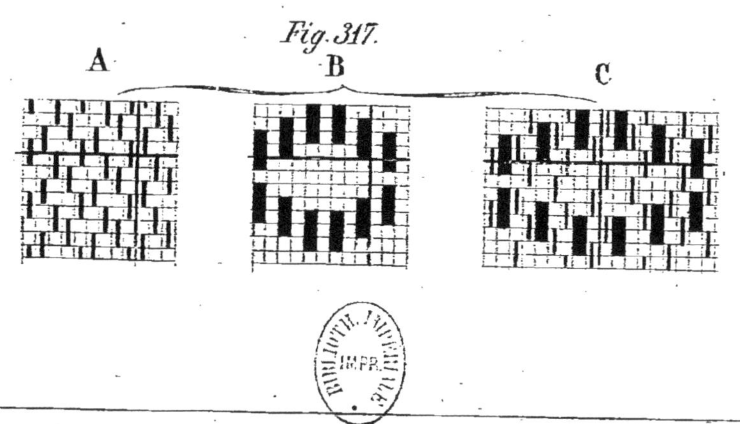

Fig. 318.

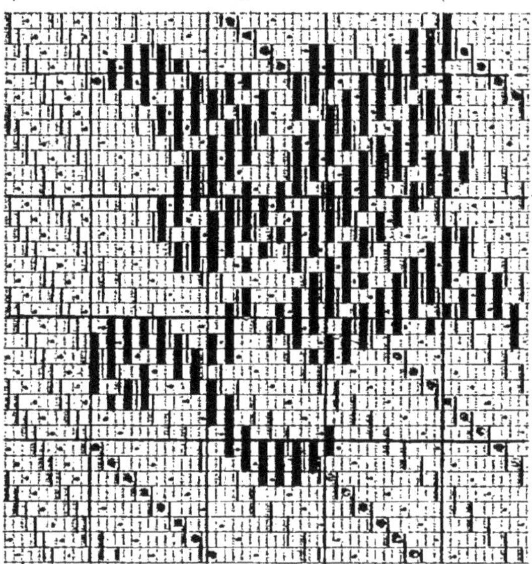

Fig. 319.

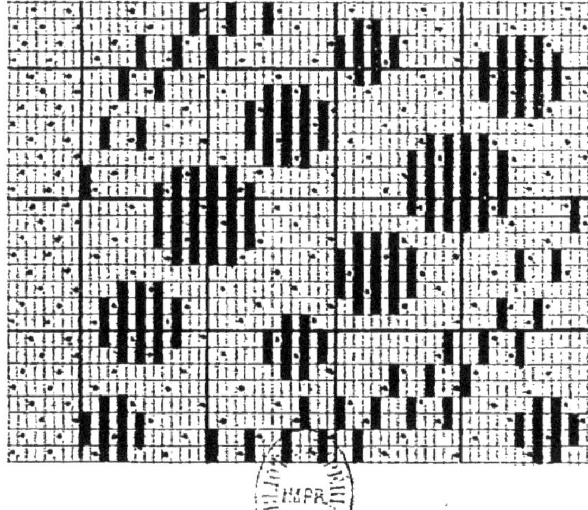

Fig. 320.

Fig. 321.

Fig. 322.

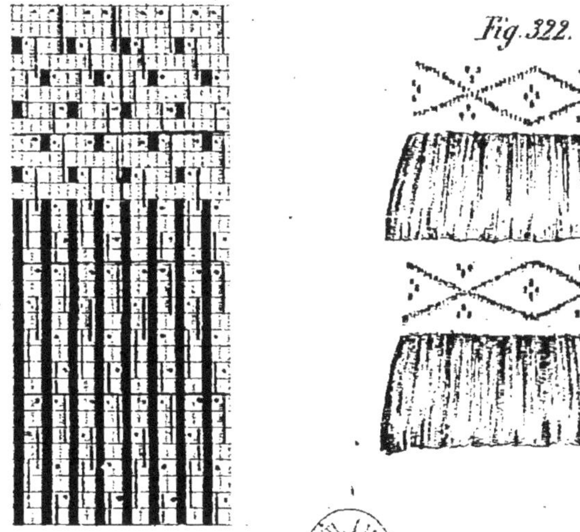

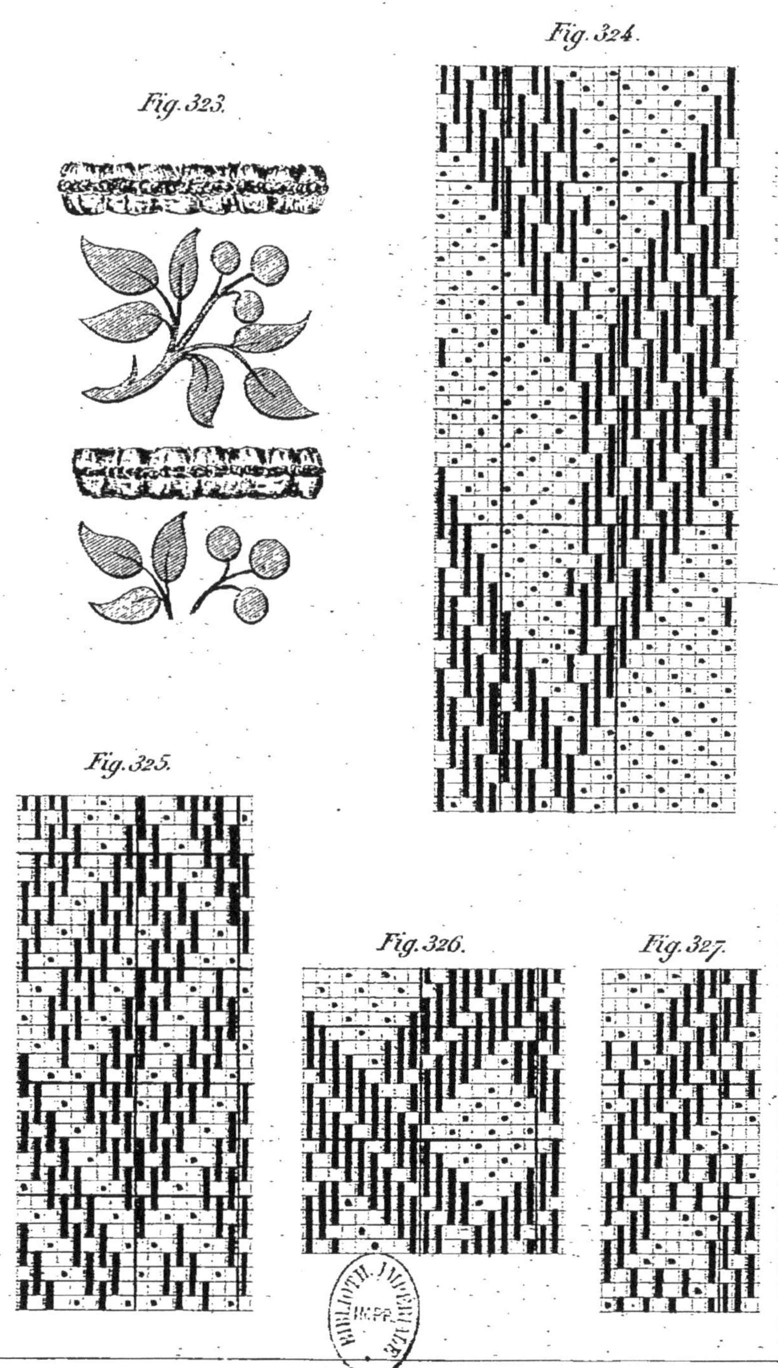

Fig. 323. Fig. 324. Fig. 325. Fig. 326. Fig. 327.

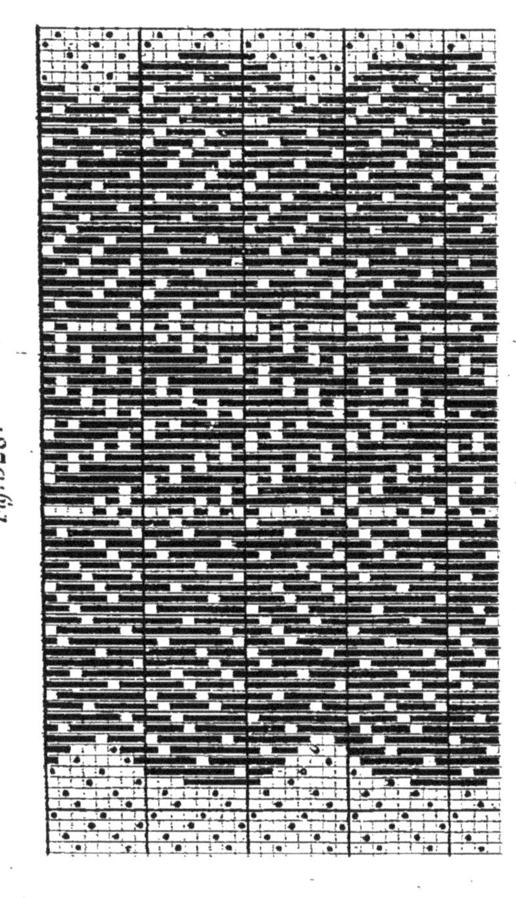

Fig. 328.

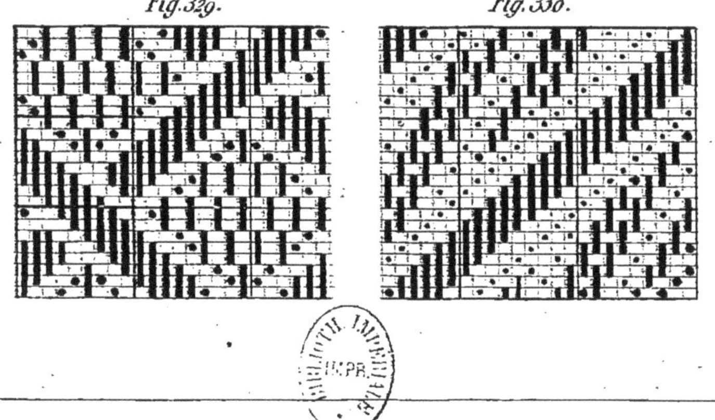

Fig. 329.

Fig. 330.

Fig. 331.

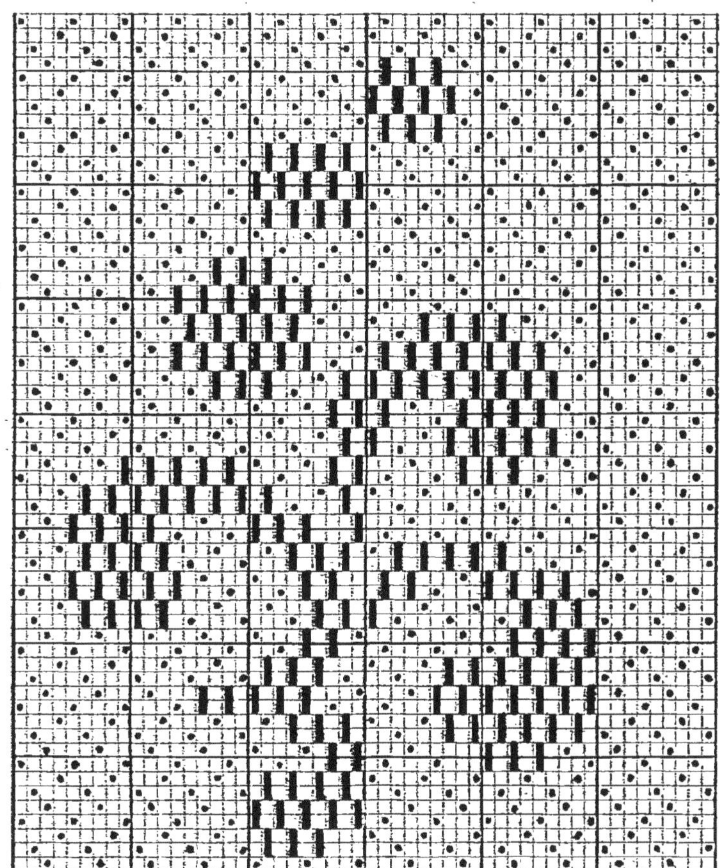

Fig. 332.

Noir pur. *Noir et Blanc.* *Blanc pur.*

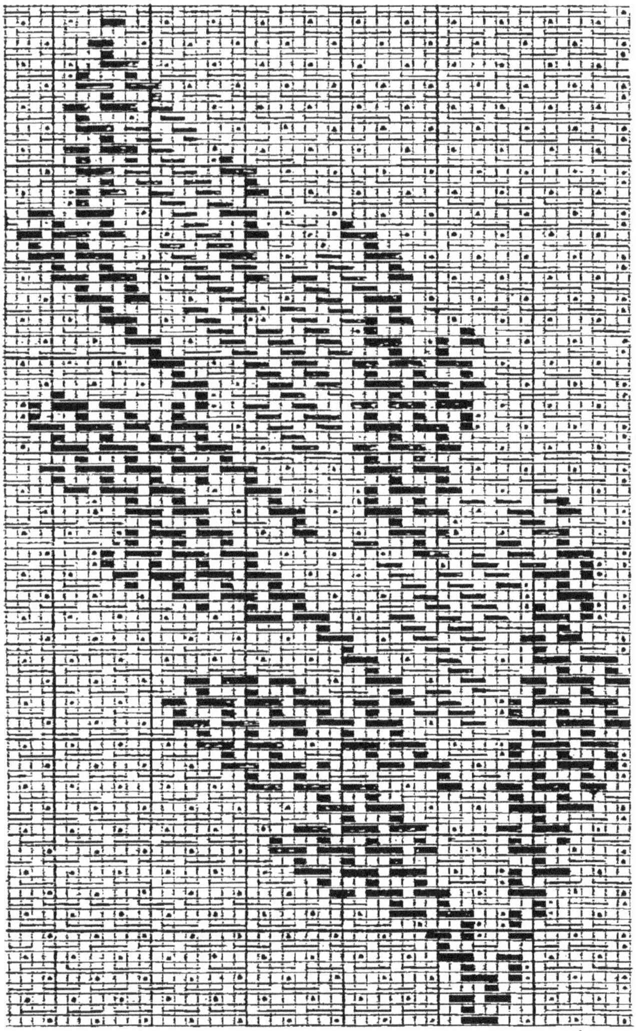

Fig. 333.

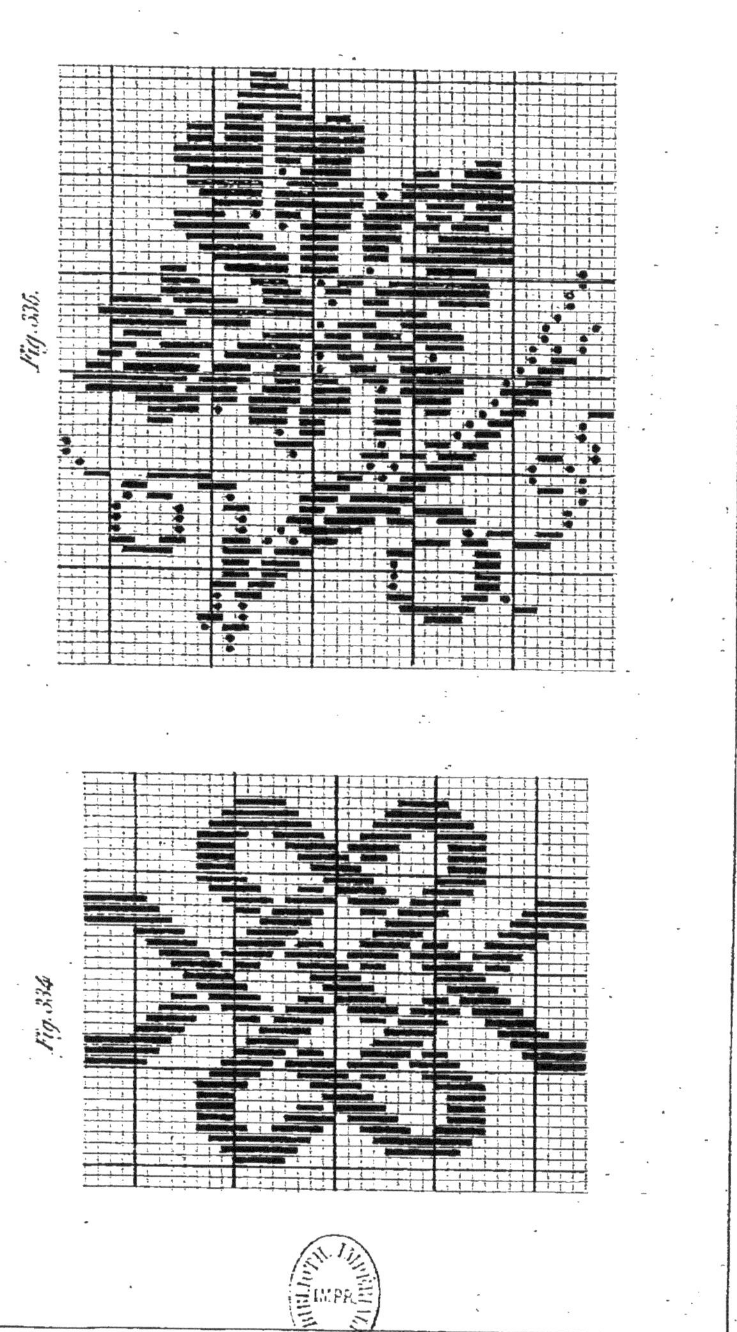
Fig. 335.
Fig. 334

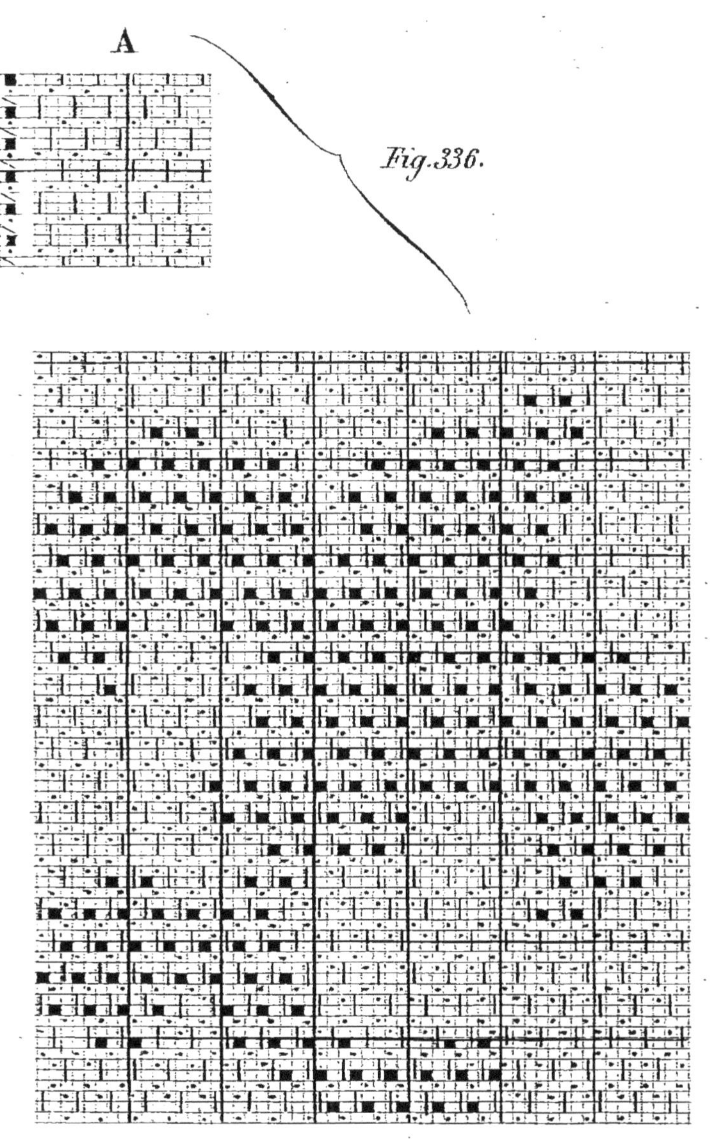

Fig. 336.

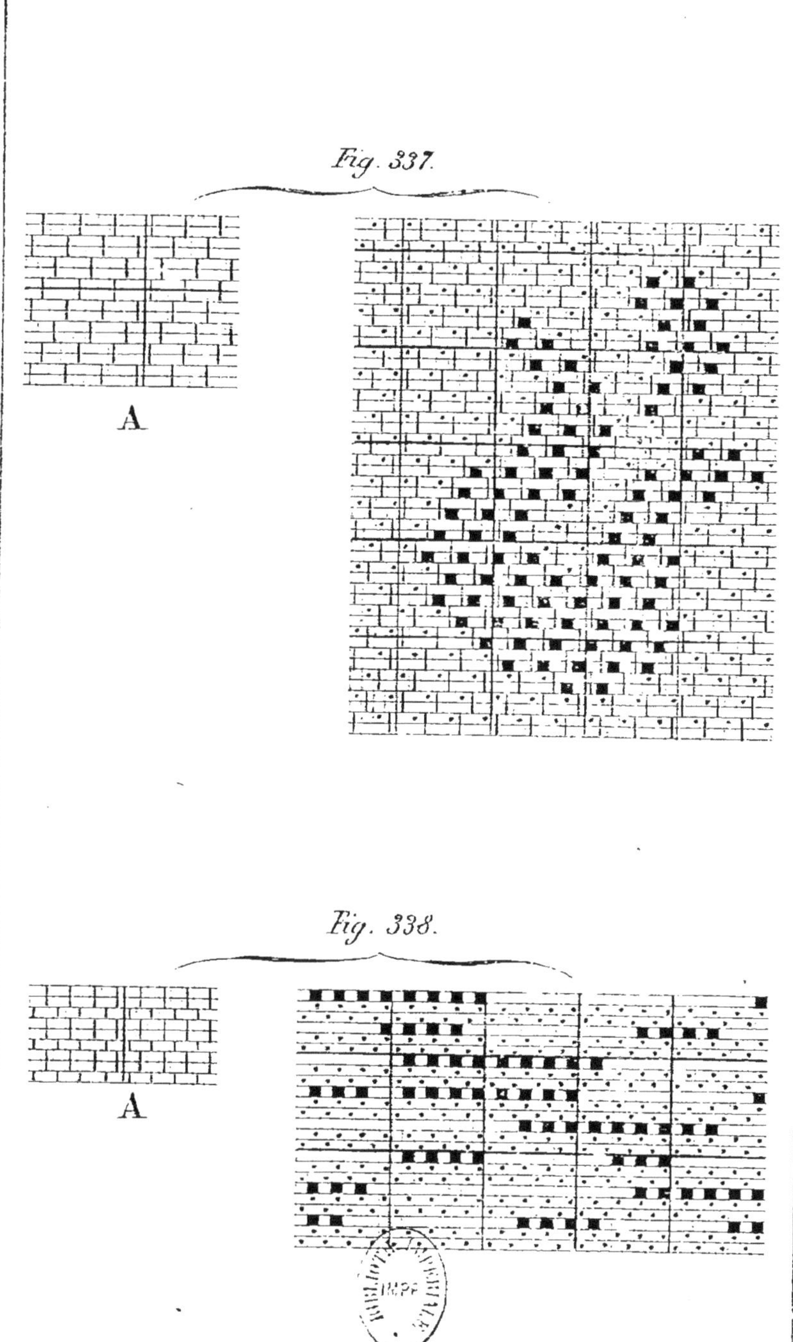
Fig. 337.
A
Fig. 338.
A

Fig. 339.

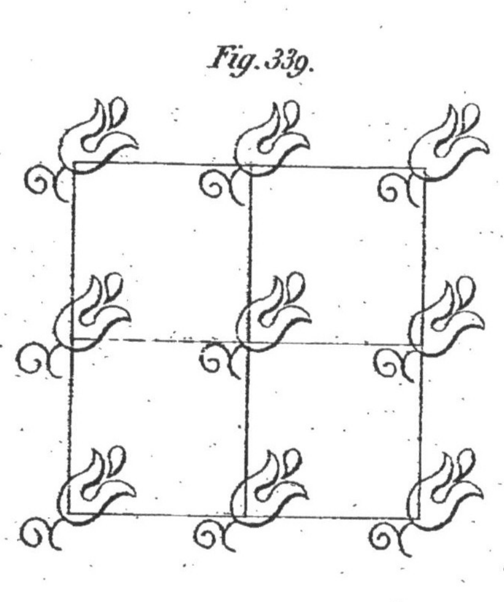

Fig. 340.

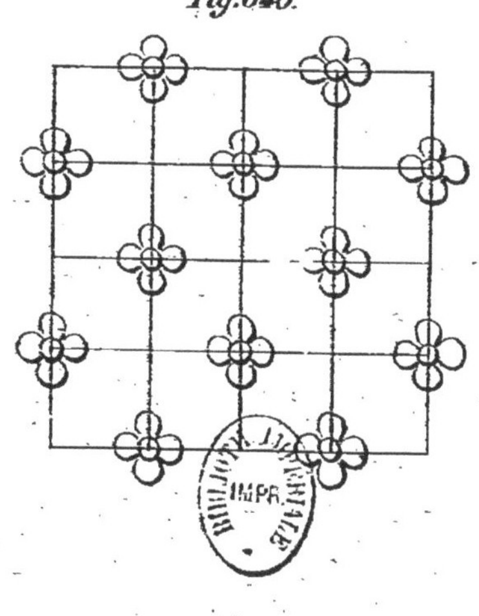

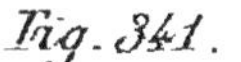

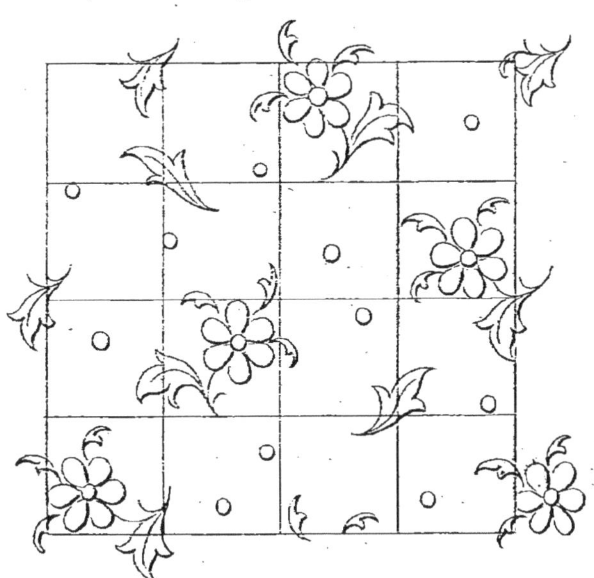

Fig. 342.

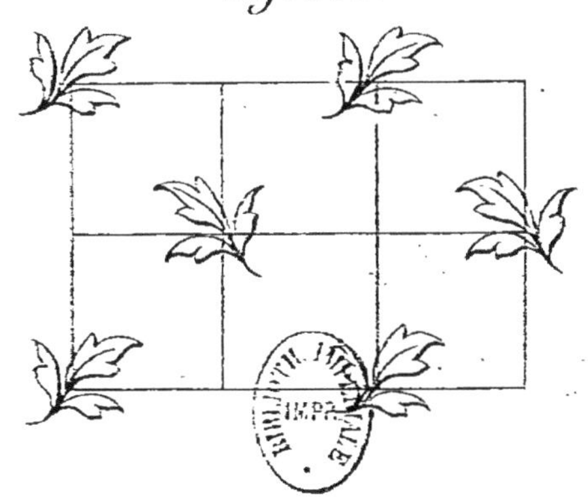

Fig. 343.
A
B
A'
B'
Fig. 344.

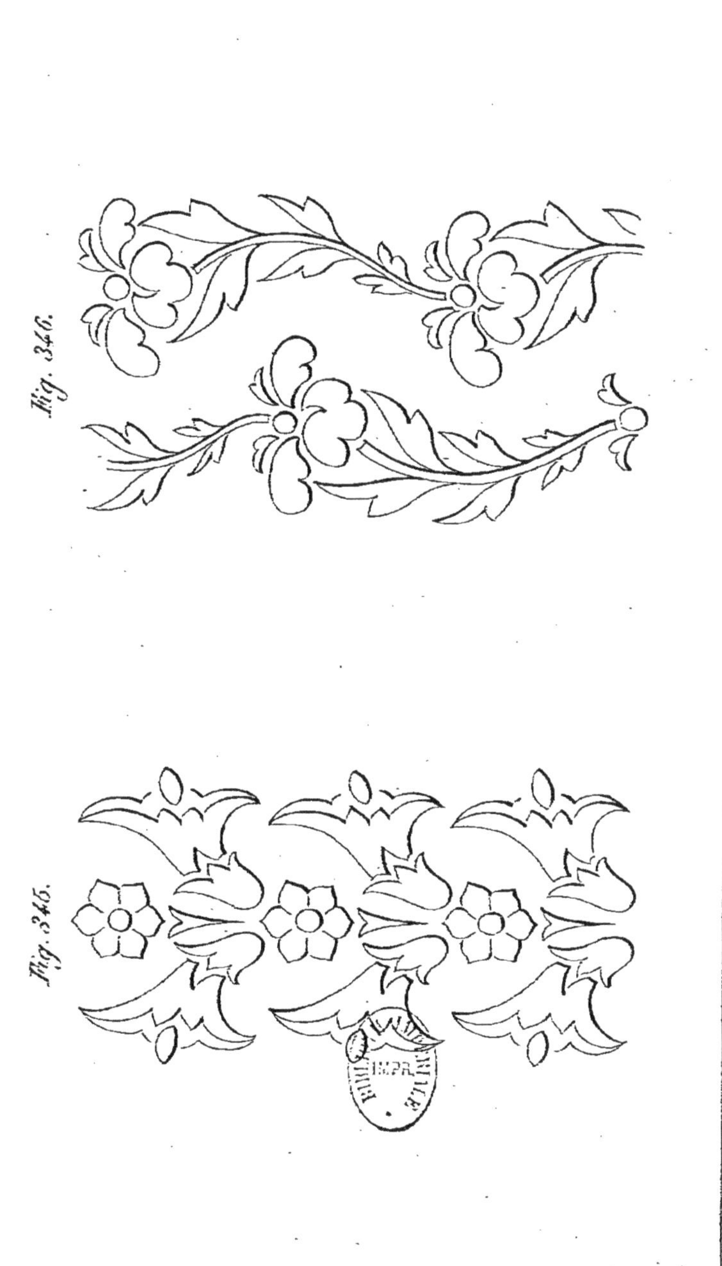

Fig. 346.

Fig. 345.

Pl. 50.

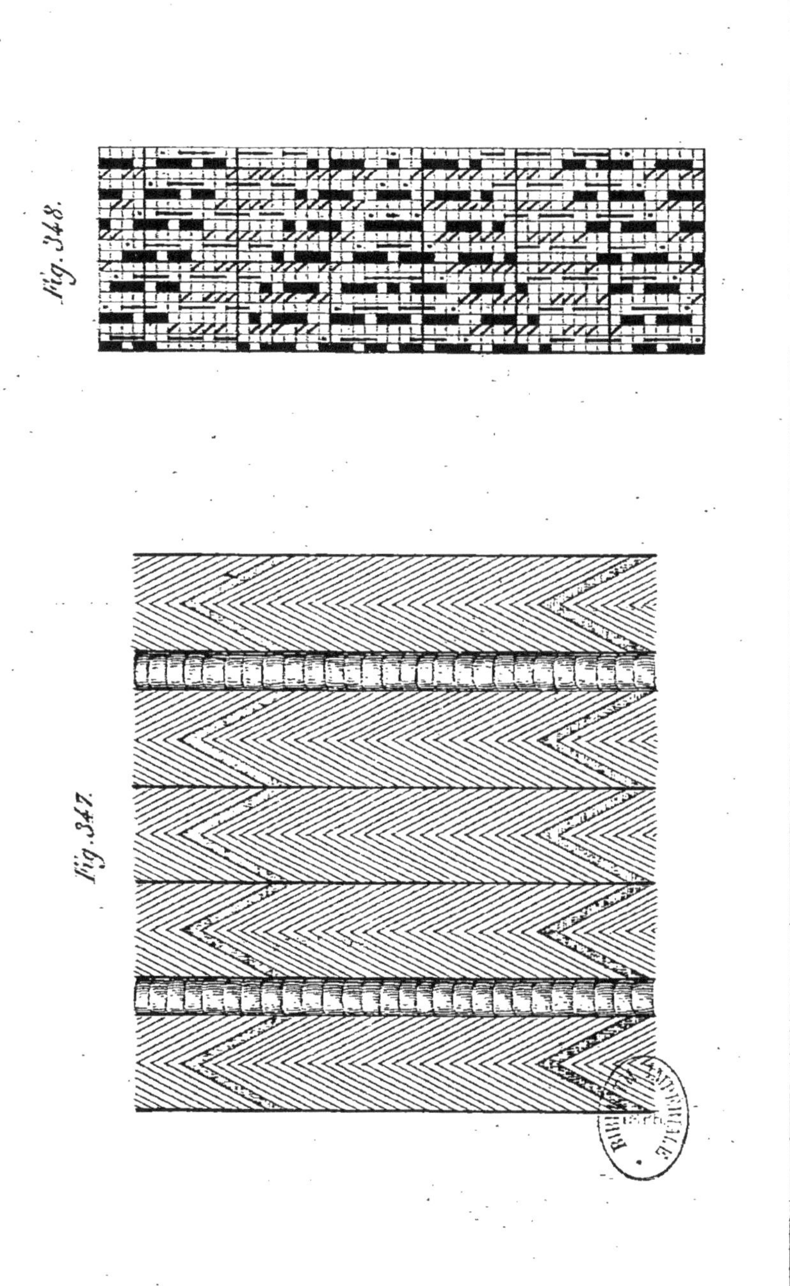

Fig. 348.

Fig. 347.

Fig. 349.

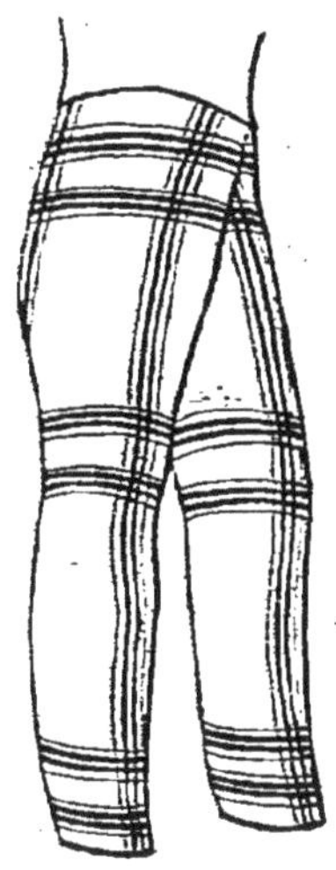

Fig. 350.

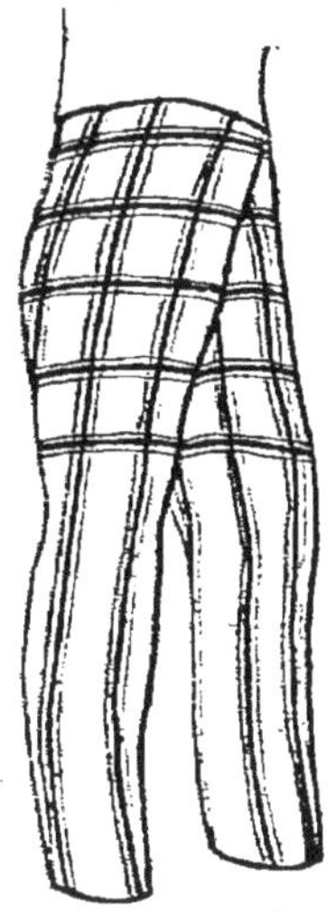

Fig. 351.

Fig. 352.

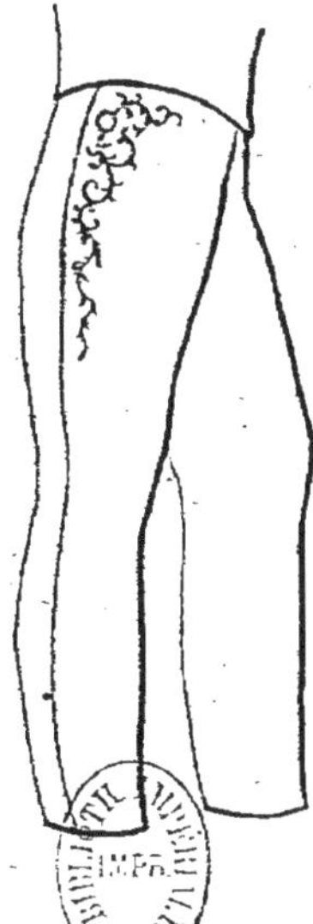

Fig. 353.

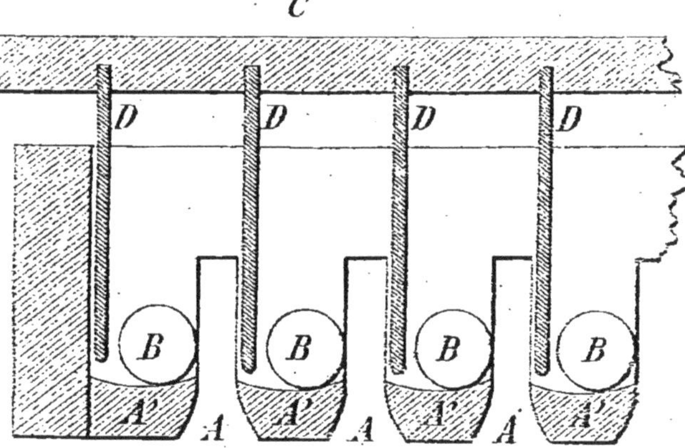

demi grandeur.

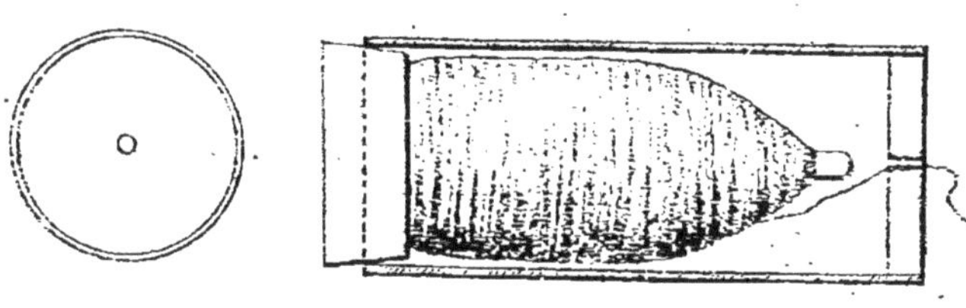

détail du Cylindre.
grandeur naturelle.

Pl.53.

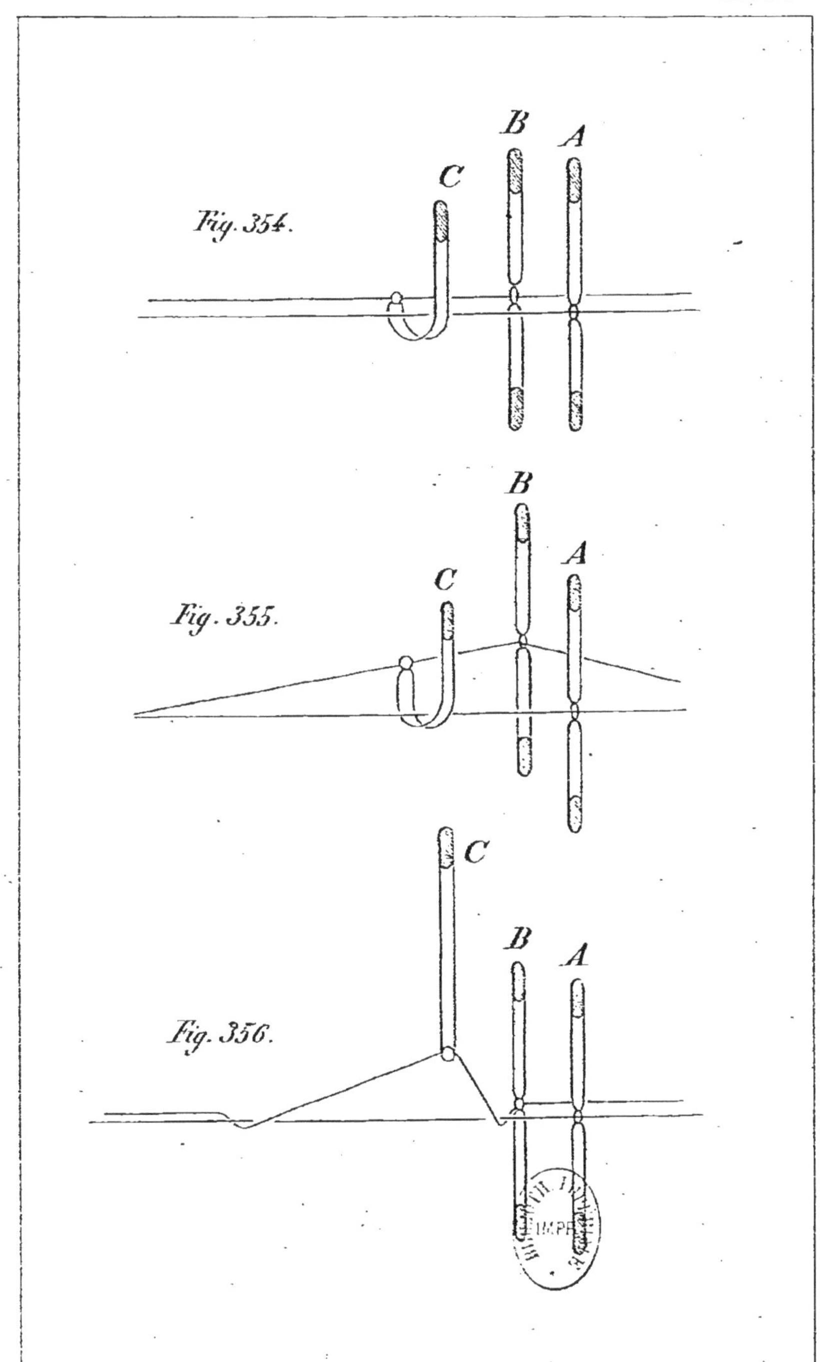

Fig. 357.

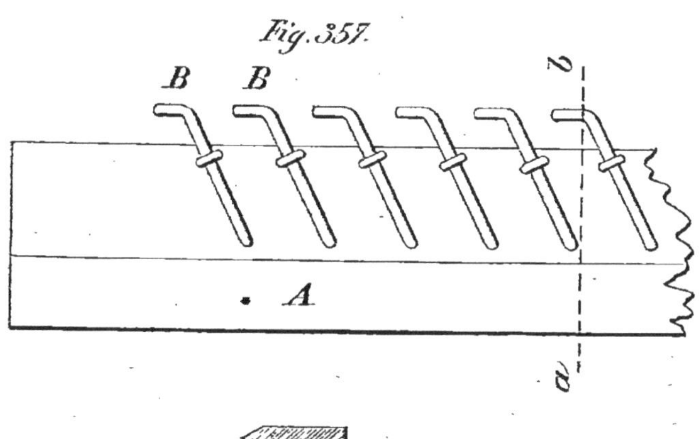

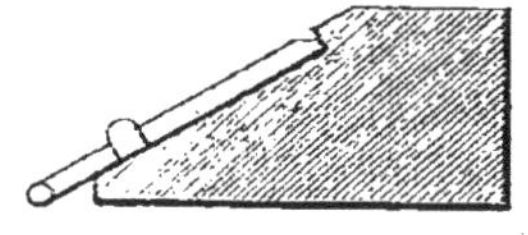

Coupe sur la ligne a b.

demi grandeur.

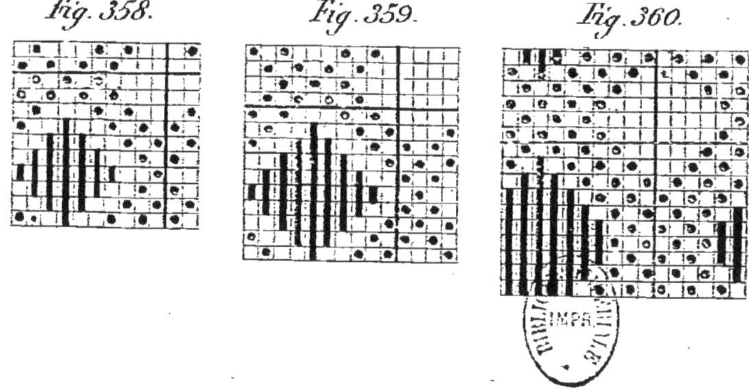

Fig. 358. Fig. 359. Fig. 360.

Fig. 361.

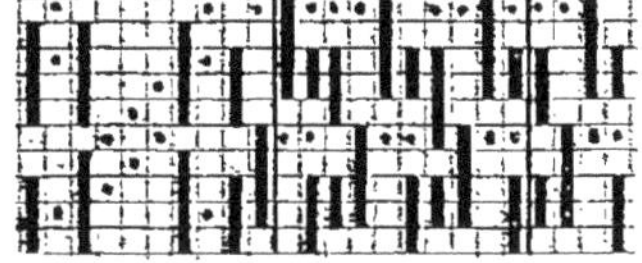

Fig. 362.

Fig. 363.

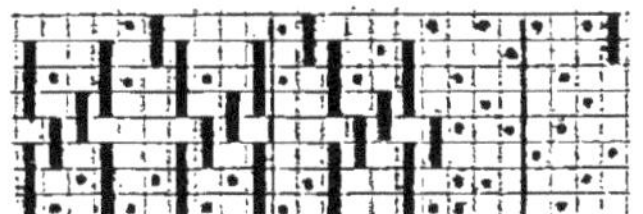

Effet.

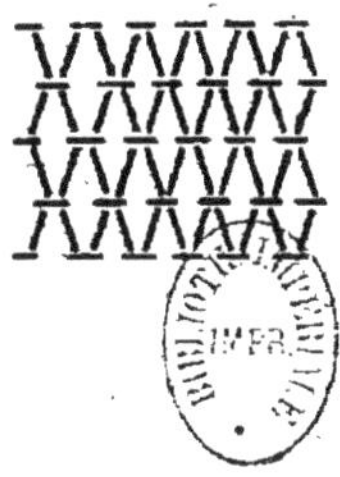

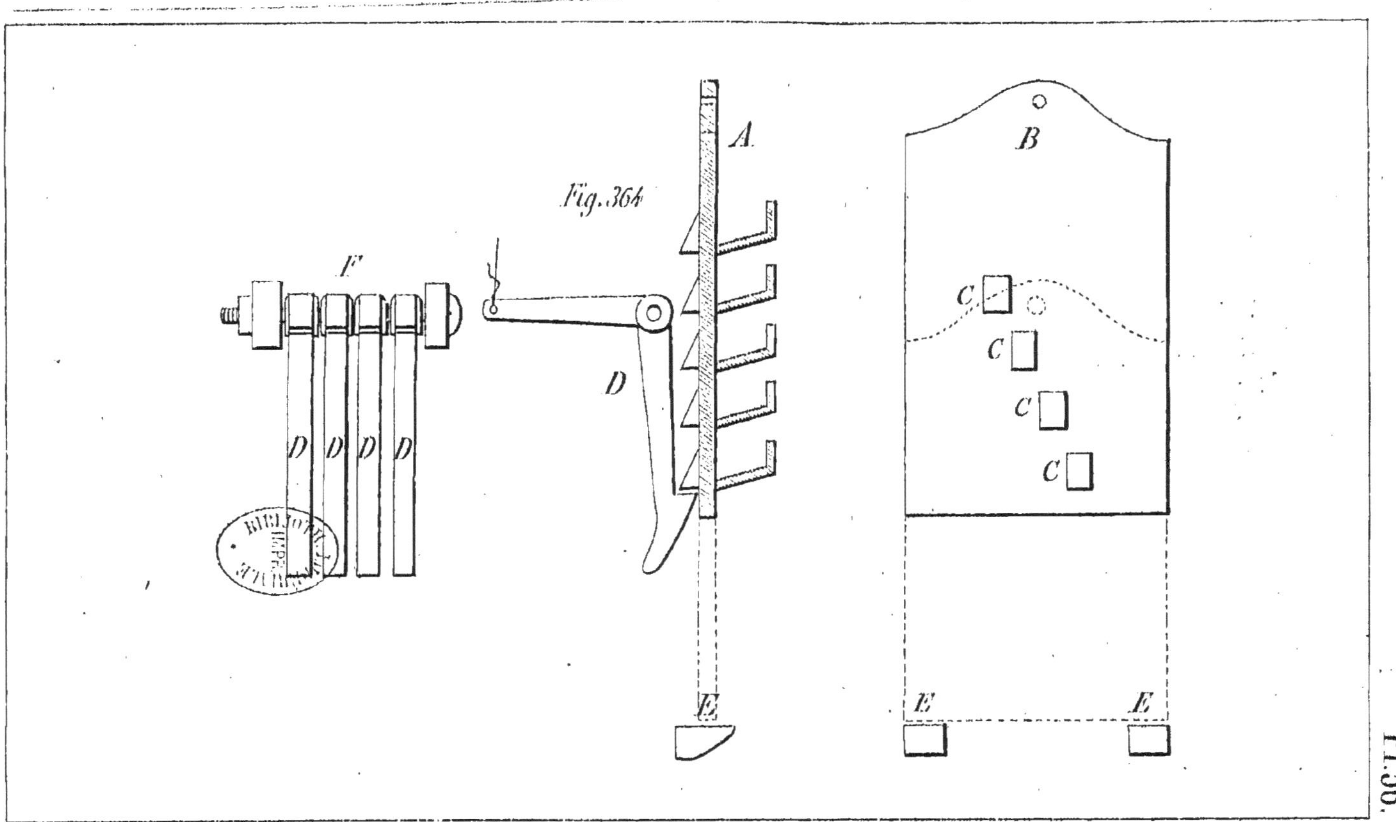
Fig. 364
A
B
C
C
C
C
F
D
D
D
D
D
E
E
E

TABLE DES PLANCHES.

www.ingramcontent.com/pod-product-compliance
Ingram Content Group UK Ltd.
Pitfield, Milton Keynes, MK11 3LW, UK
UKHW021619260726
13965UKWH00007B/1110

9 782013 098458